3~4年级，决定孩子一生的关键

程文◎著

朝華出版社
BLOSSOM PRESS

图书在版编目（CIP）数据

3~4年级，决定孩子一生的关键 / 程文著. -- 北京：
朝华出版社, 2019.5
ISBN 978-7-5054-4458-4

Ⅰ.①3… Ⅱ.①程… Ⅲ.①小学生－家庭教育
Ⅳ.①G782

中国版本图书馆CIP数据核字（2018）第303262号

3~4年级，决定孩子一生的关键

作　　者　　程　文

选题策划　　王　剑
责任编辑　　韩丽群
特约编辑　　张文东　陆竞赢
封面设计　　异一设计

出版发行　　朝华出版社
社　　址　　北京市西城区百万庄大街24号　　　　　　邮政编码　　100037
订购电话　　（010）68996618　68996050
传　　真　　（010）88415258（发行部）
联系版权　　j-yn@163.com
网　　址　　http://zhcb.cipg.org.cn
印　　刷　　三河市三佳印刷装订有限公司
经　　销　　全国新华书店
开　　本　　710mm×1000mm　1/16　　　　　　　　字　　数　　180千字
印　　张　　13.75
版　　次　　2019年5月第1版　2019年5月第1次印刷
装　　别　　平
书　　号　　ISBN 978-7-5054-4458-4
定　　价　　35.00元

前　言

在孩子的一生中，成长和学习的过程并非是连续而匀速的，关键往往只有那么几步，小学 3~4 年级就是其中尤为关键的一步。通常来说，孩子在小学 3~4 年级的时候，妈妈要格外注意以下几个问题：

3~4 年级，是孩子独立意识增强的关键时期。虽然这一阶段的孩子年龄尚小，但是他们已经开始有了自己的主意，想要属于自己的独立空间，学习时也不愿意让家长陪着；

3~4 年级，是孩子从小学低年级向高年级过渡的时期。随着课程的深度、难度逐渐增加，对孩子的学习能力和学习方法也提出了更高的要求，这一阶段是培养孩子学习能力的重要时期；

3~4 年级，是孩子情感变化的转折时期。随着孩子交往范围的扩大，认识能力的不断提高，他们的情感逐渐从外露、浅显、不自觉向内控、深刻、自觉发展转变，这一阶段是培养孩子情感能力的重要时期；

3~4 年级，孩子的大脑发育处于内部结构和功能迅速发展与完善的关键时期，随着大脑发育的成熟，孩子的思维水平由具体形象思维向抽象逻辑思维过渡；

3~4 年级，孩子注意力的稳定性逐渐提高，记忆能力、理解能力和表达能力都处于快速发展的阶段……

3~4 年级就像一道坎，是小学阶段的一个分水岭，对孩子未来的发展影响很大。但是很多妈妈却并不了解这道"坎"，也不知道应该怎样指导孩子跨过这道"坎"。教育孩子时，不是实行"高压政策"，就是单纯地"哄骗"，这样反而容易引起孩子的逆反心理，让情况变得很糟：孩子表现出做作业马虎大意、磨蹭，不爱学习，逃学等问题，对周围环境容易有不安、彷徨或是忧虑等负面情绪。

每一个孩子都是伴随着问题成长的，而每一个孩子又是妈妈的心之所系，孩子的健康成长是妈妈一生中最大的心愿。作为孩子的第一任老师，作为孩子的引导者，妈妈给予孩子最好的教育就是重塑自己的教养理念，引导孩子健康成长。

为了帮助妈妈们更好地读懂孩子、成就孩子，《3~4 年级，决定孩子一生的关键》一书在创作过程中走访了大量 3~4 年级孩子的妈妈，收集了诸多较为重要同时又容易被妈妈忽视的教育问题，并加以整理和解答。可以说，本书以大量翔实、生动的案例作为例证，为妈妈们正确教养孩子提供了科学、清晰的教育理念，以及具体的建议和应对方法。

在本书的创作过程中，我们始终坚持以下三条基本原则：

原则一：发现问题不是目的，解决问题才是目的

每位妈妈对自己的孩子都是非常了解的，同样也非常清楚孩子存在的缺点和问题。在本书的创作过程中，我们在对孩子表现出来的让妈妈们感到十分头疼的问题进行阐述的同时，也着力避免一味地介绍问题的成因和危害，而是将重点放在如何解决这些问题上，并给出切实可行的解决办法。这样，妈妈们在面对困境时才能够更加从容不迫而不至于烦恼不堪。

原则二：将家庭教育方法与儿童心理特点紧密结合

很多家长尤其是妈妈们，一旦发现孩子的缺点或问题，总是凭自己的经验帮助孩子纠正，结果却往往使问题愈演愈烈。要知道，教育是一门科学，不能仅凭经验。孩子任何外在的缺点或问题都只是表象，真正的原因出自孩子的心理。为此，妈妈只有了解孩子的心理特点，走进孩子的内心世界，才能真正理解孩子的行为，也才能真正给予孩子正确的引导和帮助。因此，在本书中，我们避免过多地陈述孩子的表象问题，而是着力于结合儿童心理发展的特点深挖孩子问题背后的心理根源，找到问题症结，帮助妈妈们给予孩子恰到好处的爱。

原则三：注重素质教育，将健全人格的培养作为重点

众所周知，大多数学习成绩优秀的孩子并非天生智力超群，而是他们的人格品质有着过人之处，如乐观、坚韧、自律和有责任感等，这些不但能帮助他们应对学习上的困难，更能让他们在今后的人生道路上受益良多。在本书中，我们倡导妈妈们不仅要重视孩子的学习成绩，更要注重对孩子健全人格的培养。

最后,衷心希望《3~4 年级,决定孩子一生的关键》一书能够给妈妈们带来新知识、新观念、新视角,也希望本书所提供的教育理念和方法可以让更多的 3~4 年级的孩子受益,陪伴孩子们健康成长!

目 录

第二章 3~4年级，描绘孩子的心理成长蓝图

3~4年级是孩子大脑发育的关键期，他们开始有自己的想法，会主动思考问题，不再像低年级时那样完全信赖妈妈，开始出现叛逆和不满。为此，妈妈要学会用孩子的眼睛看问题，多站在孩子的角度想问题，既成为孩子生活上的好妈妈，也成为孩子最好的"心理医生"。

第三章 3~4年级，妈妈如何扮演好自己的角色

孩子从胎儿期开始，就接受着来自家庭的影响，妈妈的一举一动、情绪，以及生活习惯、饮食规律都深深地影响着胎儿各个方面的发展。孩子出生以后，和妈妈接触的时间往往最长，受妈妈引导和教育的机会也最多，在很多家庭，妈妈几乎承担着照料孩子一切的重任，因此妈妈对孩子的教育影响尤为重要。

第二部分　3~4 年级，决定孩子一生的好成绩

第四章　3~4 年级，如何让孩子变成爱学习的天使

3~4 年级的学业相对 1~2 年级的难度加大了很多，对孩子的学习能力要求也更高，所以这一时期是孩子厌学和偏科的高发期。如何培养孩子学习兴趣，获得优秀成绩，成了摆在妈妈面前的一道难题。

第五章　语、数、外——引导孩子做学习上的"全能王"

很多孩子之所以一提学习就万分苦恼，往往是因为没有找到正确的学习方法。要知道，正确的学习方法就像是一座桥，是帮助孩子走向学业成功的关键。为此，妈妈要注意引导孩子找到最适合自己的学习方法。很多时候只要妈妈的教育观念和方法改一改，学习完全可以成为一件轻松的事。

第六章　3~4 年级，好的学习习惯让孩子脱颖而出

> 3~4 年级的孩子由于心智尚不成熟，在学习上会存在各种各样的问题，而这些问题就像是"漏洞"一样影响着孩子的成绩。妈妈只有及时反思和调整自己的教育方式与心态，引导并帮助孩子养成良好的学习习惯，才能和孩子一起弥补"漏洞"，追求更完善的自己。

第三部分　3~4年级，妈妈不可忽视的非智力因素

第七章　情商教育，决定孩子一生的智慧

　　每个妈妈都希望自己的孩子能够健康快乐地成长，并且希望自己的孩子能够乐观地对待生活，勇敢地面对困难，但是这些都有赖于孩子情商、心理素质的发展。情商的高低往往决定一个人的人生高度，因此，妈妈要重视孩子的情商教育，不要让情商缺陷成为孩子日后发展的羁绊。

第八章　3~4年级，培养孩子受益一生的好习惯

　　美国励志大师拿破仑·希尔说："播下一个行动，收获一种习惯；播下一种习惯，收获一种性格；播下一种性格，收获一种命运。"所以教育的本质可以归结为一句话：培养孩子良好的习惯。而好习惯的养成，则大部分来自于妈妈榜样的作用和正确的训练。

第九章　妈妈送给3~4年级孩子最好的礼物

"好妈妈胜过好老师"，妈妈是孩子的"守护神"，用心为孩子准备一份成长礼物，让孩子能够幸福快乐地成长，是普天之下所有妈妈的共同愿望。

第一部分

3~4 年级，决定孩子
一生的定型期

第一章

3~4年级，影响孩子未来成长的关键期

3~4年级是小学低年级到高年级的过渡期，也是孩子成长过程中尤为重要的一步。在这一时期，孩子学习成绩开始出现分化，情感、情绪也越来越丰富。因此，把握好这一教育契机，帮助孩子扎实走过3~4年级，对于孩子未来的健康成长无疑是非常重要的。

3~4年级是孩子小学教育的关键转折期

都说"三到四年级是一道坎"，作为父母，无不希望抓住这一关键时期教育好自己的孩子，但是很多父母却经常摸不透孩子的心思，更别说教育好孩子。

很多父母发现，孩子进入三四年级后心理变化非常明显：以前比较安静的孩子，现在很容易因为一点小问题就和父母争论得面红耳赤；以前乖

巧懂事的孩子，现在会经常发火，还动不动就挑大人的刺；很多时候，虽然孩子的注意力比以前提高了很多，但是由于什么事情都想去尝试，所以做一件事经常是只有三分钟的热度。此时的孩子也开始逐渐有自己的想法和理想，他们的言语和行为有时出乎意料，有时一意孤行，有时乖戾暴躁。这些心理变化经常让很多父母猜不透，于是在教育孩子时感到徒劳无功，费力不讨好。

我们发现，很多孩子在一二年级时，学习成绩基本上不用大人操心，很容易就能拿高分，甚至满分，但是进入三四年级后，成绩却会突然出现明显的下滑。这究竟是什么原因呢？

我们常说小学一二年级是孩子打基础的时期，五六年级是孩子小升初的冲刺时期，却很少提及三四年级，以致忽略了其重要性，因而孩子成绩下滑也就自然而然发生了。但事实上，我们尤其不可以忽视对三四年级孩子的教育和引导。因为三四年级是孩子在小学阶段的一个非常重要的转折期，也是一个由低年级向高年级过渡的关键期，抓住这两年也就抓住了影响孩子未来成长的黄金期。

首先，从孩子自身发育的角度来看，这个年龄段的孩子正处在大脑内部结构和功能完善的关键时期，他们的逻辑和抽象思维能力开始增强，懂得思考、分析、对比，甚至能推理某些简单的问题，而且他们思维的敏捷性和灵活性也在逐步提高。正如很多妈妈所看到的那样，许多孩子在一二年级时还是个单纯、天真的孩子，进入三四年级后，好像突然长大了、成熟了，说话做事也开始一板一眼起来。与此同时，随着孩子大脑发育的日渐成熟，其自身的各种能力也在快速发展，具体表现有：3~4年级孩子注意力的目的性逐渐增强，注意力保持的时间也更加持久，因此他们可以胜任更加复杂的学习任务；孩子的语言发展水平开始由口头言语向书面言语过渡；记忆力、理解能力、思维能力也都在快速发展。因此，这一时期是培养孩子写作能力和阅读能力的关键时期。

其次，从学业水平的角度来看，1~2 年级处于小学教育的基础阶段，孩子所学的知识点是最少的，也是最浅显的，而到了 3~4 年级，随着知识难度的日益加深，孩子不仅要通过反复读写来完成学习任务，还需要运用抽象思维能力和综合理解能力去分析和解决问题。比如数学开始涉及分数概念、面积的计算等更复杂的知识点；语文的学习重点逐渐由"拼音""字词"向"文章理解"过渡，而且大多是对通篇文章的理解，这就需要孩子有足够的阅读积累，平时多阅读课外书，提高阅读理解能力，从之前的被动学习向现在的主动学习转变。所以，3~4 年级可以说是孩子学习的一个分水岭，妈妈要引导孩子改变以往的学习习惯和思维方法，做到从读写记忆到抽象思维的转化。如果孩子没有掌握科学合理的学习方法，一味地使用单纯的读写方式进行学习，那么在学习知识时难免会面临很多困难，甚至是走冤枉路。

总之，3~4 年级是小学教育的关键转折期，是孩子从低年级迈向高年级的过渡期，同时也是孩子良好学习习惯定型和培养的关键期。作为妈妈，一定要抓住这一黄金期，结合自己孩子的特点有针对性地给予孩子帮助和引导，这样才能为孩子学业成功打下坚实的基础。

3~4 年级是孩子情绪、情感的波动期

孩子进入三四年级后，很多妈妈会发现这样一些现象：他们不再像以前那样总喜欢黏着大人，而是开始有了独立于妈妈之外的情感需求。

他们有了自己的朋友圈，喜欢和好朋友一起玩耍，心事也愿意跟朋友倾诉，而不是躲在妈妈的怀里哭泣。不仅如此，他们也不再像一二年级时那样将妈妈和老师的话当成圣旨，甚至还会反感妈妈的监管；他们生气时会大声抗议，摔东西，甚至离家出走，伤心时则会躲到角落里流泪，而且不希望被别人看见……

总之，3~4年级的孩子已经不再是以往妈妈眼中那个娇弱的小树苗，无论男孩还是女孩，他们都开始像春雨中的小树一样，伸开了属于自己的枝条，悄悄地藏起了自己的小心事。

之所以会有这样的变化，是因为随着孩子大脑结构和功能的成熟，他们的心理也发生了明显的变化，他们能敏感地感知自己的行为和心理变化，并且对情绪有更强的控制力。大多数三四年级孩子开始有了自己的独立见解，自我意识也在逐渐增强。他们对人生有自己的看法和见解，而不是像一二年级时那样容易受到别人的左右。他们不喜欢妈妈动不动就跟他们讲道理，而是希望妈妈能够倾听他们的心声，妈妈越是限制他们，他们的脾气就会越大，越喜欢和妈妈对着干。但由于三四年级的孩子毕竟年龄小，各方面不成熟，妈妈们也不可能放任不管或过分顺从孩子，因而双方矛盾较多，易使亲子关系越来越疏远，这对孩子情绪控制能力的自我养成是十分不利的。

同时，在人际交往中，三四年级的孩子已经开始意识到人际关系对自己的重要性，但时常又感到自我需求和现实之间的矛盾，为此常常感到焦躁不安，情绪起伏较大。

其实，孩子出现情绪、情感波动很正常，并不可怕，可怕的是孩子出现问题时妈妈不知道该怎么办，这样孩子很可能会因为情感波动较大导致学习成绩下降、整天闷闷不乐，甚至影响身心健康。那么，作为家长，又该如何引导孩子走出情感的波动期呢？不妨参考以下几种方法：

方法一：还给属于孩子自己的情感空间

对于大多数3~4年级的孩子来说，由于他们已经逐步适应了学校的环境，所以学校生活和朋友圈成了他们主要的生活内容。可是很多妈妈却认为，孩子们在一起无非就是玩耍，这样会耽误正常的学习，而且如果交友不慎还可能会带来更坏的影响。也有一些妈妈则担心自己的孩子在外面受到别人的欺负，于是时刻监督孩子和什么样的人交往，尤其是在孩子与同伴发生矛盾时，更是会亲自干涉。

事实上，妈妈的这些做法很容易引起孩子的不满和反抗情绪，而且大人过度介入孩子们之间的争吵与矛盾，也会影响他们自己解决人际交往纠纷、调控自我情绪的能力，长此以往，孩子在日后的人际交往中，会变得过于懦弱或是暴躁，不能很好地调整自己的情绪。

其实，孩子交友既是一个社交的学习过程，也是一个自我情绪的调控过程。孩子们在一起，难免会发生争执与矛盾，和1~2年级不同的是，这时的孩子更倾向于自己解决矛盾，而不是像之前那样求助于妈妈和老师，这是孩子心理发展的必然。而且和同伴的交往，也有利于孩子发展自己的情绪控制能力。

因此，作为妈妈，既要懂得放手，又要引导孩子学会控制自己的情绪。比如孩子打了别人，要告诉他要诚恳地向对方道歉；和同伴发生矛盾，要提醒他要学会宽容；受到同学欺负，要告诉他不要使用暴力手段解决问题，而是要向学校或家长寻求帮助，避免受到伤害等。

方法二：给孩子宣泄情绪的空间

当孩子闹情绪的时候，有些妈妈会习惯性地跟他讲道理，其实，越是在这种时候，孩子越是听不进任何话。也有一些妈妈会借助大人的权威横加干涉，强迫孩子收回不良情绪。事实上，这些做法都不利于孩子良好性格及健康情绪的发展。

给孩子一个宣泄情绪的空间，给孩子一些时间让他自己冷静下来，发泄负面情绪，不失为孩子释放压力的一个通道。待孩子的情绪逐渐平复下来后，再和他好好地沟通。这样一来，很多问题就迎刃而解了。比如孩子生气时，妈妈可以引导他把自己内心的感受说出来，或者是大声地喊出来、哭出来，但不允许他做伤害别人和自己的事情。

方法三：妈妈要用乐观的情绪感染孩子

在人际交往中，人的情绪具有很强的传染性。积极的情绪表达向人传递的是愉快、接纳、满意、肯定等信息，而消极的情绪表达则向人们传递的是不悦、排斥、不满、否定等信息，和一个快乐的人在一起，你的心情也会变得开朗起来，而与一个愁眉不展的人在一起，你的脸也会阴云笼罩。

试想一下，如果孩子回到家，看到妈妈一脸的怒气，他的心情又怎么能轻松呢？因此，在孩子面前，如果妈妈总是能以愉快、乐观的情绪对待他，孩子也会用同样的情绪回应你。长期生活在乐观向上的生活环境中的孩子，自然会变得快乐、幸福。可以说，只有快乐的妈妈才能养育出人际关系和谐、情绪稳定、心情愉快的孩子。

3~4年级是孩子学习成绩定型的关键期

通过对3~4年级孩子的观察，我们往往会发现这样一个现象：那些在3~4年级学习成绩很好的学生，在以后的学习过程中，大多都会保持不错的成绩，而学习成绩较差的孩子，往往很难迎头赶上。为此，教育专家将 3~4 年级视为孩子学习成绩定型的一个关键期。

之所以这么说，是因为研究发现人脑的发育过程中有两个关键时期：一是从出生后到三四岁这个阶段；二是孩子 10 岁左右，即 3~4 年级这个阶段。如此看来，如果父母在这一阶段注重引导孩子掌握有效的学习方法，培养良好的学习习惯，激发孩子对学习的探索欲望，那么孩子的学习成绩就会日益突出，自信也会顺利地建立起来。反之，如果父母疏于在这一关键期对孩子进行学习上的引导和帮助，孩子的学习成绩将很难变得出色，自信心也不容易被激发出来，这样的话，孩子只会越学越吃力，越来越不爱学习。

那么，作为妈妈，当孩子进入三四年级之后，怎样做才能提高和稳固孩子的学习成绩呢？

方法一：激发学习兴趣，提升孩子的求知欲

我们都有过这样的体会，不管什么事情，只要是出于喜欢，做起来就会情绪高涨，孩子也不例外。

为了更好地激发孩子的学习兴趣，妈妈要有意识地开拓孩子的视野，多带孩子走出家门，让孩子在不同的环境中丰富想象力和拓展知识。孩子的视野越开阔，发现的兴趣点就越多，与学习相联系的地方也就越多。

同时，面对孩子千奇百怪的问题，大人千万不要不耐烦，而应该耐心面对，详细解释，因为这些问题恰恰是孩子求知欲的表现。

为了更好地激发孩子的学习兴趣，增强孩子的内动力，把孩子的间接兴趣转化为直接兴趣也很有必要。因为孩子因内在的成就感而激发对

学习的直接兴趣时，学习就会更加积极主动。比如有的孩子喜欢上网玩游戏，妈妈不妨引导他们了解一些电脑硬件知识、编程知识，并告诉孩子，如果你学好数理化，也可以自己开发各种各样的游戏；还可以让孩子浏览英文网页，并告诉孩子，如果你学好了英语，就可以比别的小朋友知道得更多。

方法二：相信孩子，多给予孩子正面的评价

生活中，妈妈们在一起聊天时，常有妈妈这样评价自己的孩子：没有上进心，写作业磨蹭，粗心大意，笨手笨脚，被人欺负了不懂得还手，大人说多少遍都没有用……妈妈可能只是随口一说，或者是一时的气话，但是这样的负面评价往往会在孩子的内心产生很大的反应。久而久之，孩子就会从心理上对自己产生消极的自我评价。

妈妈是孩子心中的第一个权威评价者，而孩子又是如此渴望得到大人的肯定。多给予孩子正面的积极评价，孩子的自信心就会得到满满的滋养。在孩子的学习成绩方面，妈妈一定要重表扬，轻批评。当孩子有了进步时，就大大方方地赞赏他。相反，如果妈妈总是"打击"孩子，很可能就会毁掉他们的求知欲。

方法三：不要干涉孩子合理的兴趣和爱好

很多妈妈对于学习成绩不够好的孩子，往往会干涉他的兴趣爱好。比方说，有的孩子喜欢踢足球，但是学习成绩不好，妈妈就会不允许孩子踢足球。这样做不但对孩子学习成绩的提高毫无帮助，还会让孩子学习时满肚怨气，玩的时候又提心吊胆。

其实妈妈应该明白，孩子学习成绩不好，是因为孩子对学习的重视

程度不够，学习动机不够强烈，和孩子的业余爱好没有多大关系。反而研究发现，很多孩子对某门课程的学习动力往往源于自己的兴趣爱好。最直接的例子就是，有些孩子喜欢读课外书，于是对语文产生了浓厚的兴趣；有些孩子喜欢棋类游戏、拆卸玩具，对数学的兴趣就比较强烈，而且日后对于物理等学科的兴趣也很大。

生活中，我们还会发现这样一些孩子，他们似乎对什么都提不起兴趣，而这些孩子各科的学习成绩往往也很一般。所以妈妈与其干涉孩子的兴趣爱好，不如利用孩子的这些爱好，间接培养他们的学习兴趣。例如孩子喜欢足球，但是不喜欢数学，妈妈可以以足球为基础，找一些蕴含在足球中的数学问题，间接培养孩子学习数学的兴趣。这样，随着孩子年龄的增长和自我意识的提高，就会逐渐形成推动其学习行为的恒久动力。

3~4 年级是孩子道德观念养成的关键期

现如今，很多妈妈都热衷于让孩子去上英语班、奥数班、围棋班等等课外辅导班，虽然妈妈们都知道重视孩子外在能力的培养，却忽视了对孩子内心世界的教导，其实，没有什么比培养一个明辨是非、有同情心、具有高尚道德情操的孩子更重要的了。我国著名教育家陶行知曾说："道德是做人的根本。根本一坏，纵然你有一些学问和本领，也无甚用处。"可见，道德观念的形成直接关系到孩子未来的成长，妈妈应该将孩子的道德培养放在首位。

一般来说，3~4 年级是孩子道德观念形成的关键期。与 1~2 年级相比，这个年龄段的孩子逐步具备了辨别是非的能力，而且他们不再凡事都以自己为中心，而是开始懂得替别人着想，懂得关心他人。

虽然 3~4 年级的孩子已经有了一定的责任感，但是仍然需要妈妈的帮助和引导，从而找到正确的方向。如果妈妈在道德方面对孩子进行积极引导，他们就会成为品德优秀的人。相反，如果妈妈忽略了这一时期的道德教育，孩子很可能就会受到消极的影响。

那么，如何才能将孩子培养成品德高尚的人呢？以下几种方法妈妈不妨作为参考：

方法一：用积极的暗示对孩子进行品德教育

大多数 3~4 年级的孩子都有逆反心理，经常会无缘无故地跟大人对着干，你指东，他偏要往西。这种时候，暗示教育法就很容易被孩子接受。就是说，如果大人在教育孩子时能够不动声色，孩子往往能很快地纠正自己的不良行为，相反如果大人总是当众批评孩子的不足，或是逼迫他们做出改变，教育效果就会大打折扣。

有一个孩子非常顽皮，喜欢说脏话，甚至当着客人的面也不例外。为此，他的妈妈不知道批评了他多少次，但孩子就是不长记性。其实，孩子并非天生不懂礼貌、不讲道理，只是大人错误的言行一再伤害了孩子的自尊心，强化了他的这种行为。如果妈妈在潜移默化中给予孩子积极的暗示，比如，当着客人的面夸奖孩子几句："你看我家孩子现在变化挺大的吧？以前那么调皮，现在懂事多了，学校好多老师都经常夸奖他。"孩子听后，自然就会规范自己的行为，变得听话起来。对于 3~4 年级的孩子来说，积极的暗示能够激发他们无意识的心理活动，并在轻松愉快的气氛中接受批评，从而改变自身的缺点，这比用强制性、命令性的方式教育孩子管用得多。

方法二：尊重和理解孩子

在教育孩子时，不少妈妈经常是非骂即打。从长远来看，这种教育方式只会给孩子带来更多的负面影响。要知道，3~4年级的孩子已经具有很强的自我意识，他们渴望被理解，渴望被尊重，如果大人总是用强硬的方式管教孩子，只会让他们感到自己不被理解和尊重，逆反心理就会越来越强烈，越来越喜欢和大人"对着干"。

对3~4年级孩子的道德教育，妈妈只要告诉他们应该如何做就可以，而不要经常指责孩子，更不要动不动就给孩子贴上"坏孩子""没出息""没教养"这样的标签。

每个孩子在其成长的过程中，难免会有枝枝蔓蔓，但他们仍渴望得到妈妈的尊重，这就意味着做妈妈的一定要学会用尊重孩子的方式去疏导他们的不良行为。因为妈妈对孩子的理解和尊重可以让他们发自内心地意识到自己的错误并加以改正，而且这也有利于促进孩子良好道德观念的养成。

方法三：注重对孩子进行细节教育

3~4年级的孩子已经具备了一定的道德认知能力，好的行为榜样就是孩子最好的道德约束力，为此，日常生活中妈妈要格外注重对孩子的细节教育，促使他们按照道德标准行事。

比如，亲子阅读或是看电视的时候，妈妈可以积极地和孩子一起探讨哪些行为是对的，哪些行为是不道德的。对于孩子任何一个良好的道德行为，如帮邻居爷爷提菜篮子、扶起摔倒的小朋友等等，妈妈都要细心地捕捉，并及时给予赏识和肯定。这样的赞赏不仅可以培养孩子的道德意识，而且也有助于孩子变得更加独立和成熟。

总之，培养孩子的道德意识并且让他们遵守已经形成的道德观念，是一个渐进的过程。当孩子得到应有的肯定后，他们就会更容易建立起正确的价值体系，变得更有素养，更受人欢迎。因此，妈妈要在日常生活中随时对孩子的行为实行"细节教育"。

3~4 年级是孩子思维方式培养的黄金期

孩子进入三四年级之后，还有一个重要的变化就是：他们的想法、行为变得越来越灵活，越来越自主。比如，相较于一二年级的孩子，看见自己想要的玩具，他们不再吵嚷着让大人买，而是会拐弯抹角地让大人买，或是自己攒钱去买。

除此之外，3~4 年级的孩子往往不再像以前那样听从或信服大人的话，而是更有自己的主意和想法。这其实是孩子思维能力日渐成熟的表现，应予以保护。所以，对待三四年级的孩子，妈妈一定要鼓励他们多思多想，即使孩子的某些想法看上去"天马行空""异想天开"也没有关系，孩子的思考能力恰恰是在这种"异想天开"中逐渐培养起来的，千万不要给孩子的思维套上成人的"枷锁"。

遗憾的是，我们经常会看到一些妈妈不仅否定孩子的"异想天开"，还会把孩子当作自己的附庸，把自己的思想强加给孩子，这对孩子的成长是十分不利的，甚至会扼杀孩子的独立意识。虽然在大人的严厉管教下，孩子或许会很"乖"、很懂事，但是"乖孩子"并不等于优秀的孩子，甚至可能会压抑孩子的天性。

3~4 年级是孩子思维方式转变的重要时期，也是最不稳定、最易受别

人误导的时期。如果教养得当，孩子的思维会越来越活跃；相反，如果
孩子的思维被禁锢住了，他可能永远都走不出思维的局限。因此，妈妈
要学会用科学、合理的方式养育孩子，以下就是几点建议：

方法一：多给予孩子积极正面的评价

面对困难时的态度，往往可以反映出一个孩子的思维方式，然而，
很多妈妈在管教孩子时，总会不经意间说出类似这样的话："你怎么这么
笨""这点小事都做不好""你就是懒得动脑筋"。如果妈妈经常用这种标
签化的语言评价孩子，将对孩子思维方式的培养十分不利，而且也起不
到激励孩子的作用。

为此，妈妈应该多用积极正面的语言，培养孩子积极正面的思维。
比如，妈妈可以这样对孩子说："我觉得你一定能做到，你没问题的，你
只是需要花一点的时间和精力。"

这样一来，孩子就会通过不断的探索解决问题，不仅培养了思维能
力，而且还获得了成就感，培养了自信心，这样孩子在日后遇到任何问
题都能善于思考、主动解决。

方法二：让孩子学会提问

为了更好地促进 3~4 年级孩子的思维发展，鼓励孩子积极地思考，
让孩子学会提问就非常有必要了。

爱因斯坦说过："提出一个问题，往往比解决一个问题更重要。"很
多时候，一个不经意间的提问，很可能会激发孩子对某个事物的极大兴
趣。为此，妈妈可以安排一些情境，激发孩子多提问题，这无疑是一个
让孩子积极思考、爱上学习的好途径。

比如，妈妈可以和孩子一起阅读思维游戏方面的图书，然后和孩子一起找到问题的答案；还可以和孩子一起玩脑筋急转弯的游戏，让孩子体会到思考的乐趣。总之，如果妈妈能够这样有意识地引导孩子，鼓励孩子积极思考，孩子思考的欲望和能力就会不断增强。

方法三：鼓励孩子发散思维

一位妈妈在博客里分享了自己的教子经验：

> 儿子上小学 4 年级的时候，有一天数学老师打电话告诉我这样一件事：孩子做题总是不按公式"出牌"，导致作业迟迟不交，经老师指出后，他仍然坚持己见。
>
> 我们回家盘问时，儿子振振有词地说："那些方法都是我想出来的窍门，虽然作业交得很慢，但是我最后还是用别的办法解出来了！"
>
> 听孩子这么一说，我们意识到，儿子虽然违背规律进行运算，却透露出一种萌芽状态的独创精神。于是我并没有一味指责儿子做作业慢，而是首先肯定了儿子的做法，只是告诉他用新方法解题可以，但是最好利用课余时间，或先跟老师讲明自己的想法。同时，我还给儿子买了一些锻炼创新思维和发散思维的书籍，利用课余时间和儿子一起看，帮助他提升思维能力。

一般来说，思维能力强的孩子，总是反应迅速、灵敏，不墨守成规，能够较快地认识、解决问题。3~4 年级正是孩子思维力发展的黄金时期，所以妈妈一定要鼓励孩子发散思维，对于孩子值得肯定的地方也要及时给予赞美和表扬，这对培养孩子的思维能力非常重要。

3~4年级是孩子不容错过的教养关键期

在孩子的一生中，成长和学习的过程并非是连续而匀速的，关键时期往往只有那么几步。小学3~4年级就是孩子成长过程中最关键几步中的一步。研究表明，3~4年级不仅是孩子学业成功的关键时期，还是其他综合素质发展的关键时期。所以，对于妈妈而言，把握好这一教育契机，对于孩子未来的成长非常重要。

可是，有些妈妈对此却难以理解，甚至觉得3~4年级并没有那么重要，那么，忽视3~4年级教育到底会给孩子带来哪些严重后果呢？

第一，3~4年级是小学教育的重要转折期，处理不好会让孩子的成绩一蹶不振

3~4年级是孩子学习成绩分化的重要阶段，和低年级相比，3~4年级的课程难度逐渐加大，例如，在语文的写作方面，1~2年级的学生只要写出简单的句、段便可，而3~4年级的学生则要写出成篇的作文；在数学方面，从3年级开始，孩子将系统地接触奥数专题，难度上会有一定的提升，如等量代换、倍数问题等。

如果妈妈忽视了这个重要的转折期，对孩子的学习没有给予足够的重视，那么孩子的成绩很可能会停滞不前，甚至倒退，极易挫伤孩子的自信心。这不仅会影响孩子对学习的兴趣，导致成绩的下滑，还会使孩子对学习的动力不足，进而严重影响学业的进步。

第二，3~4 年级是孩子情感情绪的突变期，容易引起孩子叛逆

3~4 年级的孩子大多要经历一个情绪、情感突变期。因为随着自我意识的发展，他们非常希望能得到妈妈的尊重和认可，如果妈妈此时仍然把他们当作小孩子来看待，他们就会因为得不到妈妈的尊重而故意和妈妈对着干。其实，孩子并非故意跟大人对抗，他们只是为了赢得大人更多的理解与关注。

另一方面，随着 3~4 年级孩子的自我意识逐渐增强，他们凡事都有自己的想法。但是由于他们年纪尚小，缺乏经验，对某些事情的理解很容易出现偏差，甚至产生错误的认识，于是，在理想与现实的差距面前，孩子的情绪就会发生波动。这种情况下，就需要妈妈给予孩子更多的关注和疏导。

第三，3~4 年级是习惯定型期，如果养成了坏习惯，日后会很难改正

很多儿童教育专家和学者都认为，培养孩子的关键就在于培养孩子的好习惯。良好的习惯是孩子学习的"永动机"，是孩子学业成功的一个关键因素。可以说，好习惯关系到孩子的一生。孩子如果有良好的生活习惯，就会有良好的学习习惯、工作习惯、卫生习惯、人际关系和工作效率。相反，如果孩子养成了一些不好的坏习惯，日后将会很难改正。

另外，从习惯养成的特点来看，3~4 年级正是强化良好习惯和改变不良习惯的关键时期，而且习惯的培养越早越好，因此，妈妈一定要重视孩子在这一阶段好习惯的养成。对孩子一定要严格要求，同时持之以恒，避免"三天打鱼，两天晒网"。

第四，3~4 年级是培养孩子形成内在学习动机的最好开端

生活中，我们经常会羡慕那些别人家的孩子，"××家的孩子真让家长省心，从来不用家长管着"，这其实就是因为这些孩子内在的学习动机被妈妈有效地激发出来了，从而能够自觉地朝着自己的目标前进。

所谓内在学习动机其实就是一种内在激励，即通过一些方法，让孩子发自内心地对某件事产生兴趣。在教育孩子时，最佳的方法无疑是以内在激励为主，辅以外在激励。外在激励就是通过一些外在的奖励等，让孩子对某件事情感兴趣。一般来说，对于小学低年级的孩子，妈妈采用外在的激励模式往往有效，但是当孩子进入 3~4 年级后，如果还是采用这套激励模式，孩子则很难树立起正确的学习态度，学习动力也会不足。而且如果妈妈给予孩子过多的外在激励，还容易导致他们以自身能力有限、性格无法改变、目标不能达成为借口来推脱，久而久之，孩子就会变得更加懒惰、散漫。为此，妈妈一定要抓住 3~4 年级这个机会，恰当地引导孩子树立远大的理想和正确的学习目标，激发孩子的内在学习动机，这将长期激励孩子自觉自发地主动学习，并且主动、严格地要求自己。

激发孩子的学习动机，最重要的是妈妈要为孩子制订明确而恰当的学习目标。比如，妈妈可以这样跟孩子说："这次咱们试着一个小时做完作业，然后争取只出现一个错误。""咱们争取期末考试成绩达到全班前十名。"这样在潜移默化中激发孩子的竞争力，让孩子不断超越自己，不断品尝到成功的喜悦，学习动机自然也会变得越来越强烈。

　　需要注意的是，妈妈给孩子制订学习目标时，一定要适合孩子的发展水平，不要把学习目标定得太高。如果目标超越了孩子自身的能力，孩子就很容易因难以实现而失去信心。同时，学习目标也不要定得太低，否则容易让孩子失去挑战的兴趣与动力。

第二章

3~4年级，描绘孩子的心理成长蓝图

> 3~4年级是孩子大脑发育的关键期，他们开始有自己的想法，会主动思考问题，不再像低年级时那样完全信赖妈妈，开始出现叛逆和不满。为此，妈妈要学会用孩子的眼睛看问题，多站在孩子的角度想问题，既成为孩子生活上的好妈妈，也成为孩子最好的"心理医生"。

"乖孩子"为何不见了

很多3~4年级孩子的妈妈都有过这样的体会：1~2年级时，孩子大多乖巧听话，可是到了3~4年级，孩子却越来越不听话，脾气变得让人捉摸不透。比如，爸爸妈妈让孩子写作业，他不但不听，还和父母对着干；小小年纪动不动就乱发脾气，还喜欢打人。

对此，很多妈妈经常是一筹莫展，"孩子这么小，怎么脾气这么拗？""难道是孩子学坏了？"其实，这只是这一阶段孩子常见的一些叛逆表现。作为妈妈，如果不了解孩子的叛逆心理就无法真正走进孩子的内心。

孩子的叛逆期大致分为三个阶段：第一个阶段出现在 3 岁左右，孩子的独立欲望非常强烈，事事都要自己来，不愿受到别人的"打扰"。到了第二阶段，也就是八九岁的时候，孩子变得越来越不听话：你让他往东，他偏往西；情绪起伏不定，脾气容易暴躁；做事喜欢拖延；不愿意和妈妈沟通，等等，这一阶段又被称为"准大人期"。而第三个叛逆期就是大家熟知的青春期，这时孩子独立意识越发强烈，不喜欢受到大人的管束，从而出现明显的叛逆行为。

应该说，叛逆期是孩子心理成长、成熟过程中的特殊时期，而他们之所以会叛逆，又与其生理、心理的迅速发展密切相关。处于叛逆期的孩子，由于自我意识、人格独立意识日渐增强，不再愿意做以前那个一切都由妈妈做主的"小乖乖"，于是他们开始尝试用自己的思维模式来分析问题，做出决定，而不是接受大人一厢情愿的安排。所以，妈妈如果遇到孩子无理取闹，不要表现得过于生气、紧张，这只是第二叛逆期孩子的心理行为表现。与此同时，作为妈妈，若是能积极地站在孩子的角度考虑问题，试着和孩子倾心沟通，很多问题自然便会迎刃而解。

那么，针对孩子出现的种种叛逆行为，做妈妈的又该如何引导和教育孩子呢？

方法一：妈妈应了解孩子产生叛逆行为的原因

很多时候，孩子之所以会叛逆往往是因为心理上的需求没有得到满足，而越是得不到的东西，他们就越想得到。而且处于 3~4 年级的孩子本身自控能力就较差，所以这种欲望就会更加强烈。

另外，其他一些因素也会助长孩子的叛逆行为。我们都知道，3~4 年级孩子的好奇心大多比较强烈，比如很多孩子都喜欢看漫画，或是玩一些有趣的游戏，大人越是干涉、制止，他们就越是想看想玩。很显然，这就是受强烈的好奇心的驱使。

面对孩子的叛逆，妈妈最需要做的就是认清事实的真相。要知道，孩子的叛逆行为始终是有根源的，只有妈妈给予孩子真正的关心、理解才能真正解决问题。例如，当孩子提出自己的要求时，妈妈千万不要不经思考就拒绝和评判，而是应该像对待成人那样对待孩子，认真倾听孩子的想法，让他体会到被尊重、被肯定的感觉，只有这样，我们才能真正了解我们的孩子。

方法二：妈妈要有足够的爱和耐心

对于 3~4 年级的孩子来说，即使他们再不听话，再叛逆，妈妈也不要严厉地呵斥、贬低孩子，或是用一些命令和强迫性的话语管束孩子，这样只会让孩子产生强烈的抵触情绪，甚至还有可能引发孩子破坏性的攻击行为。

有段时间，小洋的妈妈发现孩子很反常，不想做作业，大人催促他几句就开始唱反调；看电视时，明明是自己不喜欢看的频道，却非要调到那个频道。这样的事情多了，大人难免会很生气，多次劝说无果后，还狠狠地打了孩子一顿，没想到孩子仍然我行我素，甚至愈演愈烈。

对于孩子的叛逆行为，做妈妈的一定要沉得住气，要足够耐心。比如，孩子闹脾气时，妈妈不要总是试图用你的权威来解决问题，在孩子面前摆出一副高高在上的样子，而只需要做好两件事：学会管理自己的情绪，并教会孩子管理好自己的情绪。当你搞不定冲你发脾气的孩子时，就要做到多微笑，不发火，耐心地倾听孩子的真实想法，给他无条件的爱和接纳。这样不仅可以帮助你了解孩子的心理需求，引导孩子走出情绪的低谷，还能轻松解决问题，潜移默化地增进亲子关系。

方法三：和孩子做好朋友

有的妈妈为了体现自己在孩子面前的威严，在和孩子交流的时候，总是不允许孩子有不同的观点，甚至对孩子提出批评。其实，妈妈在和孩子交流沟通的时候，一定要放下父母的架子，学会和孩子交朋友，尊重孩子的观点，和孩子平等地交谈。有了这样的姿态，才能在潜移默化中引导孩子学会正确地待人接物，才能更好地化解孩子的叛逆情绪，孩子的行为才能朝着良好的状态发展。

3~4 年级孩子的心理特点

3~4 年级是孩子成长过程中的一个关键时期，此时的孩子开始逐渐有了自己的想法和理解，他们的言语和行为有时出人意料，有时一意孤行，有时乖戾暴躁。这些心理变化经常让很多妈妈猜不透，于是很多妈妈在教育孩子时会感到徒劳无功，费力不讨好。

一般来说，3~4 年级孩子大多会有这样一些独特的心理特点：

首先，3~4 年级的孩子虽然自身已经有了一些主动性，但做事仍然需要大人的指导，因而更倾向于学习间接经验。不管是学习内容还是方法，基本上都是依靠别人已经总结好的经验、理论和结论来解决问题。

其次，3~4 年级的孩子对自己的兴趣爱好更加明确。他们之前往往对很多事情都是不闻不问或者只有"3 分钟热度"，而现在开始有了自己持续感兴趣的事情。比如有些孩子养成了读小说、看新闻的习惯，而有些孩子则对数学实验操作等抽象思维的学科非常感兴趣。

再次，3~4 年级的孩子已经具备了一定的抽象逻辑思维能力，他们的思维方式开始由形象思维向抽象逻辑思维过渡。（为此，父母要有意识地在日常生活中培养孩子的这种思维能力，包括比较能力、分析能力、抽象能力和概括能力等。）

在此之前，孩子只会承认和谈论眼前所见的客观事实，草就是草，马就是马。而现在就不同了，孩子的大脑中开始形成了"绿草、原野、骏马奔腾"这样的概念，甚至形成了信念、力量等眼睛看不到的抽象概念，并且能灵活地运用学到的知识和原理。

那么，面对这一时期孩子的心理变化，妈妈又该如何更好地引导和帮助他们健康地成长呢？

方法一：鼓励孩子自己找到问题的解决办法

孩子随着年龄的增长，交往范围的不断扩大，以及认识能力的不断提高，难免会遇到很多难以解决的问题，比如学习成绩摇摆不定，和同学发生矛盾等。这时，妈妈首先一定要多倾听孩子，让他们觉得自己是被了解、被接纳的，然后再引导和帮助孩子找到解决方法。只有亲子之间建立起信任，孩子才会把自己解决不了的问题告诉大人。

　　为了鼓励孩子自己找到问题的解决办法，大人可以对孩子说："如果××遇到了这样的问题，你会告诉他怎么办？"当孩子提出一些解决方法后，大人再问他："你觉得所有的方法中，哪一个方法对你更好呢？"这样就能一步一步地引导孩子自己解决问题。

　　如果大人觉得孩子提出的解决方法不恰当，可以帮助他们分析这个方法可能产生的结果。例如，你可以这样说："如果这么做，你认为会有什么结果呢？"然后再提出自己的建议："依我看来似乎……，你认为怎么样？"等等，以此引导孩子开阔思路，想出更合适的方法。

方法二：创设与孩子共同活动的环境和机会

　　现如今，很多孩子的日常生活塞满了各式各样的学习，而父母焦躁、功利的心态又常常给孩子施加了很大的压力。这就导致很多孩子在没有留白的空间、过分的干扰等因素的影响下，反而没有办法去培养自己的兴趣爱好。

　　因此，作为妈妈，要尽量利用好周末、节假日，与孩子一起逛公园、走进博物馆，或是到树林里散步，通过细心观察发现孩子感兴趣的事物，加以培养和正确引导，当然，也要适时地给予孩子积极的肯定和鼓励。

方法三：培养孩子的抽象逻辑思维能力

　　由于3~4年级是抽象思维发展的重要时期，因此，妈妈一定要抓住孩子抽象思维快速发展的关键时期，给予孩子适当的助力。相反，如果孩子在这一阶段没有打牢思维地基，没有充分发展抽象思维的能力，很可能就会出现掉队现象。

举例来说，当妈妈给孩子讲解一些较难的题目时，一定要从具体情况分析开始，再慢慢过渡到抽象逻辑的层面。这样，妈妈每给孩子讲一道题其实就是完成了一次思维训练。

"我不想上学"——如何消除孩子的厌学心理

萌萌是一个三年级的小女孩，人长得漂亮，脑子也灵活，就是不爱学习。做作业的时候，缺乏主动性，态度也不认真，只是为了交任务，而且多数时候，还不能离开家长的监督。考试成绩较差时，她也不会感到难过。萌萌的老师多次向家长反映，虽然孩子人在课堂上，但是听不进老师讲的内容，心思并没有放在学习上。

其实，很多孩子进入 3~4 年级后，或多或少都会出现类似这样的问题：对学习没有什么兴趣，一拿起书本就开始烦躁不安；虽然每天好像有很多时间都在学习，却不见有进步；必须在大人不断督促下学习，否则不会主动学习。

为什么孩子不爱学习？为什么孩子进入 3~4 年级之后，学习成绩会大幅下降，出现明显的厌学情绪呢？其实，这主要与两个方面的因素有关。

首先，相对于 1~2 年级，3~4 年级的学习难度、强度要大许多。对于那些学习成绩本就不太好的学生而言，学习难度提升后，他们难免会有挫败感，而挫败感又极易导致孩子的学习动力和兴趣不足，孩子就会越来越不想上学。这时，如果妈妈的眼里只有成绩，甚至因为"恨铁不成钢"而批评孩子的话，那就只会让他们更加厌恶学习。

其次，很多孩子之所以会出现厌学情绪与他们自我意识的形成和思维能力的发展有很大关系。这个阶段的孩子往往有着很强的思维能力，对事物有自己的想法和观点，并且渴望独立解决问题。如果妈妈还像以前一样用命令式的口吻管教孩子，就会让他们产生逆反心理，让他们认为学习是一件痛苦的事情，继而产生厌学心理。

另外，很多孩子之所以有厌学情绪，往往是因为他们缺少学习动机，学习目的不明确；或是对现实生活漠然视之，没有自己的理想；抑或不愿意吃苦，学习上经常有畏难情绪等。

孩子一旦出现厌学情绪，妈妈先要反思自己的教育方法是否正确，然后根据孩子的心理特点，用更加理智和有效的方法来疏导孩子的厌学情绪，让他们体会到学习是一件非常有趣的事情。具体来说，以下几个方法可以帮助孩子走出困境：

方法一：让孩子意识到学习是自己的事情

生活中，很多妈妈对孩子总是采取强迫式的教育方法，这样很容易让孩子产生"为大人学习"的心态。孩子一旦产生这种心理，就会把学习当成是一种负担。在学习过程中，经常会表现得马马虎虎、心不在焉，结果学习成绩直线下降，对学习产生厌烦情绪。

作为妈妈，应该适当放权，把孩子看作一个独立的个体，不必什么事情都监督孩子去做。更何况，与 1~2 年级孩子不同的是，3~4 年级的孩子已经逐渐形成"为谁学习"的意识。因此，妈妈可以很坚决地告诉孩子，如果你够自觉的话，我们不会过多地参与你的学习。事实上，孩子都是在不断地学习中成长的，学会让孩子做主，才能更好地激发他们的内在动力，让他们获得自由的发展。

方法二：正确看待孩子的学习成绩

很多妈妈总是过分看重孩子的学习成绩，孩子上学后，成绩就一定要名列前茅，似乎只有这样，妈妈的教育才算成功，孩子才算成才。有的妈妈为了让孩子取得好成绩，甚至还经常"威逼利诱"。然而这样做的后果却是：孩子一点都不关心自己的学习成绩，而是更在乎大人对分数的反应。如果考试没考好，就觉得自己一无是处，这样反而加剧了孩子的逆反心理。

其实，作为妈妈，不妨淡然地面对孩子的成绩。孩子取得了好成绩，要鼓励他再接再厉，但也不可过多奖励孩子，以免让孩子产生"为妈妈学习"的不良心理。孩子的成绩不是很理想时，也不要急着批评孩子。既然出现问题就要查明原因，找到解决办法，同时妈妈也要反思一下自己的教育方法是否恰当。

方法三：帮助孩子树立正确的学习动机

对于学习目的不明确的孩子，妈妈应该帮助他们树立正确的学习动机，提高他们学习的自觉性、主动性。比如，妈妈应根据孩子的性格特点，问问他们将来想干什么，从而引导他们设计自己的未来形象，在日常生活中，多鼓励孩子为了实现自己的理想主动付之于行动。

另外，为了更好地激发孩子的学习动机，妈妈还要学会用榜样的力量激励孩子。这样的榜样一定要具有形象性、可模仿性，并且与孩子的年龄相仿，这样才能帮助孩子从榜样身上学到崇高的道德品质、良好的学习品质，从而激发孩子学习的欲望与兴趣。

孩子为什么喜欢顶嘴和打架

"翅膀硬了，敢跟我顶嘴了！""你怎么又打架了！"生活中，我们经常会听到妈妈这样批评孩子。在这些妈妈看来，听话的乖孩子才讨大人的喜欢，而"顶嘴""任性"的孩子就不是好孩子，一旦孩子跟大人顶嘴，他们就会对孩子大加训斥，不给孩子任何辩解的权利。然而，这种管教方式很容易让孩子以冷漠甚至敌对的态度对待学习和生活，长期下去，非常不利于孩子的身心健康。

妈妈在管教孩子之前，要先知道孩子顶嘴或打架到底是出于什么原因。

首先，随着身心发育，3~4 年级的孩子已经具备了较强的自主性，但情绪控制能力仍不足，特别是男孩往往具有一定的攻击性，当问题无法解决时，他们便热衷于通过武力解决。大人如果不了解孩子的心理发育特点，一味苛责甚至惩罚，不仅不能解决问题反而会让情况更糟。比如，当孩子犯了错，试图找理由为自己辩护时，说明他希望求得大人对自己的谅解，希望大人倾听自己内心的想法。可是，很多妈妈不仅没有耐心倾听孩子的想法，反而一上来就训斥孩子，甚至对孩子大打出手。孩子的情绪没有得到很好的宣泄，得不到父母的理解，打架行为今后可能还会继续发生。

其次，孩子身上的这些不良习惯是在发泄他们内心的不满情绪。我们都知道，孩子从三四岁起，独立欲望就开始形成。之后，随着年龄的增长，他们越来越渴望独立思考和行动，不愿总是被大人压制。特别是当孩子到了三四年级的时候，这种心理会表现得更加明显。如果这时妈妈对孩子照顾过多、干涉过多，就会让他们特别反感。当他无法左右父母的行为或无法与父母沟通时，与父母顶嘴、与人打架就可能成了他们发泄情绪的一种方式。

再次，孩子之所以喜欢顶嘴和打架，还和家庭氛围与父母的错误示范有很大关系。如果父母之间缺乏尊重，经常说脏话，或者互相"抬杠"，甚至动武，孩子就会潜移默化地受到这种不良的家庭氛围的消极影响。或是父母习惯以大人的权威一味地对孩子发号施令，凭大人一时的喜怒赞扬或批评孩子，也会对孩子造成不好的影响。

对于孩子喜欢顶嘴和打架的问题，妈妈应采取积极的措施加以疏导。下面几点建议可供参考：

方法一：为孩子创造和谐、融洽的家庭环境

我们常说，家庭是孩子的第一所学校，妈妈是孩子的第一任老师，良好的家庭教育环境是孩子形成正确思想和优秀人格的基础，直接影响着孩子的健康成长。但是如果孩子从小生活在一个不和睦的家庭环境中，家庭成员经常说脏话、吵架、赌气，互相缺乏尊重，家庭氛围不和谐，无疑会对孩子的成长非常不利。所以，为了孩子的健康成长，妈妈以及其他家庭成员应一起努力，为孩子创造一个安静、温暖，并充满关爱的家庭环境。

方法二：尊重孩子要求独立的愿望

3~4 年级的孩子已经有了独立的意识，妈妈要懂得尊重孩子的愿望，放手让孩子独立学习、独立交往，尽可能地为孩子提供活动机会，创造活动环境。为此，妈妈不要一味地要求孩子按照自己的模式行动，特别是当孩子有自己与众不同的想法，或是独立完成一件事情时，妈妈一定要多给予鼓励，及时赞许。

同时，妈妈也要完全发扬家庭民主，给孩子更多的发言权，引导孩子说理，鼓励孩子为自己申辩。这样做的好处就是，让孩子感到无论做什么，有理才能站稳脚跟，这对发展孩子良好的个性十分有利。

一位家长曾说："平时在家里的时候，我就经常告诉孩子，如果你觉得有理，完全可以跟大人讲道理；如果大人做错了，你也可以给我们指出来，我们一定会好好改正。我们就是希望孩子能把我们当朋友一样看待。"

的确，妈妈理解孩子并尊重孩子，孩子还有什么心事不能和大人说？还有什么问题不能解决呢？

方法三：多与孩子交流、沟通

孩子出现问题，往往是因为大人疏于亲子之间的沟通和交流。当今社会，生活节奏快，父母双方的压力都比较大，大人除了照顾孩子，还要赚钱养家，不得已时只能将孩子交给保姆和长辈来照顾。这就很容易导致亲子之间相处的时间越来越少，影响彼此的交流沟通，孩子有心事也不会告诉父母，父母也可能不了解孩子内心的真实想法，这样就会导致孩子和大人对着干。

其实，父母就算工作再忙，也不能忽略和孩子的情感沟通。比如，下班后可以和孩子一起散步、聊天。和孩子聊天时，父母也应认真、专心地看着孩子的眼睛，仔细倾听，让孩子觉得自己在大人心目中是被尊重和重视的。

说谎升级——3~4年级孩子经常出现的"小问题"

> 一位妈妈抱怨说："最近一段时间，我的女儿总是爱说谎，很多时候她明明是在说谎，可就是不承认。现在只要她故意说谎，我都会处罚她，可是一点儿效果都没有。小小年纪就这样，将来可怎么办？"

可以说，几乎所有妈妈都认为孩子说谎是一件绝对不能容忍的事情。虽然在孩子很小的时候，我们就开始教育他们要实话实说、坦诚做人，结果却常常事与愿违，很多妈妈还是会被孩子的谎言所欺骗，而且孩子越大，说谎的本领越强。于是，为了让孩子远离这种恶习，一旦孩子说谎，有些妈妈就会对他们加以呵斥，有时候甚至还会体罚。

实际上，训斥和体罚并不能让孩子改掉说谎的毛病。妈妈发现孩子说谎时，首先要了解孩子说谎的心理原因。

在这个阶段，孩子开始意识到自己行为的对与错、是与非，开始形成自己的是非价值观，但是为了逃避某些责任或者惩罚，他们往往会选择说谎，因为他们知道妈妈都喜欢好孩子、乖孩子，而自己的行为是不好的、不乖的，是妈妈不喜欢的。这恰好反映了这一阶段孩子的某种心理。另外，3~4年级的孩子虽然有了独立意识，但他还是很难分清哪些话可以直说，哪些话需要用委婉的方式表达，因而说谎可能是他们错用了委婉表达的方式。

值得一提的是，面对孩子不断升级的说谎行为，作为妈妈也要经常反思自己。如果自己也经常在不经意间言行不一，这实际上是给孩子传递了一个信息：说谎是很自然的事情。于是，在自认为需要的时候，孩子也开始效仿大人的做法。因此，妈妈要以身作则。

那么，面对说谎的孩子，妈妈应给予怎样的教育和引导呢？

方法一：不要轻易指责、处罚孩子

几乎所有孩子都说过谎，而他们之所以会说谎，大多是为了逃避大人的批评与惩罚。因此，妈妈发现孩子故意说谎时，千万不要不分青红皂白就指责、处罚孩子，而是要试着换一种方式和孩子沟通交流。

比如，有时，孩子之所以会说谎是为了得到他人的关注。妈妈平时就要多了解孩子的想法，了解孩子在心理和思想方面的需求，当妈妈能读懂孩子的心，当孩子感受到妈妈对他的爱与关注，孩子的品行才会朝着良好的状态发展，才能成长为一个诚实守信的人。

总之，孩子犯错的时候，如果妈妈能和孩子讲道理、并帮助他们解决问题，而不是动不动就指责、处罚孩子，孩子说谎的动机就会减弱。相反，如果孩子一犯错，妈妈就开始指责、处罚，只会让孩子不得不为了逃避责任而说谎。这也提醒我们做妈妈的要认真反思一下自己平时对孩子的教育是不是过于严厉，因为妈妈逼得急、管得严，孩子才会推卸责任。

方法二：不要随意给孩子"贴标签"

有时，孩子说谎并不是为了故意伤害他人，妈妈千万不要轻易将孩子的说谎行为与孩子的品行优劣划等号，不能因为孩子的一次谎言就给孩子定性，贴上"谎话精""小骗子"这样的标签。这种做法不仅对纠正孩子说谎的毛病没有任何帮助，而且还有可能会强化孩子的说谎行为。

方法三：孩子屡次说谎，妈妈要给予适当的惩罚

如果妈妈发现孩子说谎的行为越来越严重，一味地纵容可能会让孩子得寸进尺，这时可以适当地惩罚一下孩子。但是惩罚孩子时要注意，惩罚的目的是让孩子认识到错误和事情的严重性，而不是为了惩罚而惩罚。那种动不动就打骂孩子的管教方式是不可取的，不但得不到应有的效果，反而会使孩子产生逆反心理。值得一提的是，当孩子旧错重犯时，如果他能主动、诚实地承认自己所犯的错误，那么妈妈在批评教育之后，一定要对孩子的诚实做出肯定，并适当减轻惩罚。

3~4年级，妈妈如何扮演好自己的角色

孩子从胎儿期开始，就接受着来自家庭的影响，妈妈的一举一动、情绪，以及生活习惯、饮食规律都深深地影响着胎儿各个方面的发展。孩子出生以后，和妈妈接触的时间往往最长，受妈妈引导和教育的机会也最多，在很多家庭，妈妈几乎承担着照料孩子一切的重任，因此妈妈对孩子的教育影响尤为重要。

妈妈的角色：承担着教育孩子的第一重任

在孩子的成长历程中，妈妈的一切，包括妈妈的形象、妈妈的做人原则、妈妈的思想……都会在不知不觉中影响到他们的孩子。而孩子的健康成长更是离不开母爱，母爱滋养着孩子的心灵，母爱能帮助孩子建立良好的心理素质，母爱能让孩子学会宽容、忍耐和理解。而且从社会

现实来看，妈妈是大多数家庭中教育孩子的核心力量，是孩子人生中的第一个指导者，也是陪伴孩子走向社会的终身引导者。

然而，许多家庭的妈妈却只懂得或是只注重孩子的吃喝拉撒、生活起居，疏于对孩子进行性格、行为习惯等方面的培养和管教，孩子的一切都由妈妈代劳，久而久之，很容易培养出好吃懒做、情绪不稳定、霸道刁蛮、无理取闹的"小霸王"。

特别是对于 3~4 年级的孩子，随着自主能力的增强，经常会与妈妈唱对台戏，很多妈妈在这种时候，要么放纵自由，要么非打即骂，结果导致孩子出现很多性格问题。事实上，妈妈对孩子的严苛打击，只会让他受到更大的伤害。更多时候孩子需要的其实是妈妈的理解、尊重和爱护，这对 3~4 年级孩子养成良好的品格、习惯至关重要。

那么，作为妈妈，到底该如何做才能承担起教育孩子的第一重任呢？

方法一：不要替孩子做选择

3~4 年级的孩子已经有了足够的判断力和自我意识，渴望自己做主，而不是再像小时候一样，凡事都需要妈妈帮他做选择，比如今天要穿什么衣服，吃什么水果，交什么朋友……如果此时妈妈还像以前一样，限制孩子的生活范围，强迫他们听从自己的安排，很可能会惹出许多不必要的麻烦。

其实，对于八九岁左右的孩子，妈妈可以适当放手，让孩子自己做主，妈妈只需在一旁加以引导就可以，千万不要总是用你所谓的好意帮孩子做决定，这样只会让孩子的独立性越来越差。

方法二：培养孩子，妈妈需要多找一些"好帮手"

孩子进入小学后，待在妈妈身边的时间就会越来越少，在学校这个"微型社会"里，孩子大部分时间都脱离了妈妈的看护，更多的是与同龄人相处，而且他们自身也非常向往自由独立的生活，3~4年级的孩子更是如此，他们迫切渴望拥有自己的生活圈。然而，当孩子与家庭生活越离越远，妈妈对孩子的了解也越来越少时，很多妈妈就会对此忧心忡忡。

这时，妈妈不妨多找一些"好帮手"，一起关心和引导孩子，比如向老师、亲戚、好友求助，告诉他们孩子的一些情况，让他们有意与孩子沟通。孩子也许会把自己心中的想法告诉这些长辈，也许还会在这些关爱他的长辈面前对妈妈的所作所为进行"控告""投诉"，此时，妈妈就会找到自己与孩子之间的问题所在，建构彼此沟通的桥梁，从而更好地引导孩子健康快乐地成长。

方法三：妈妈是孩子行为习惯的好榜样

在家庭教育中，最不容忽视的就是妈妈的示范作用，而妈妈作为与孩子最亲近的人，一切举动和情绪变化都会潜移默化地影响孩子。有句话是这样说的："你希望孩子成为什么样的人，你就去做一个什么样的人。"试想一个不思进取、浑身负能量的妈妈，又怎么能培养出一个积极向上、热情阳光的孩子？

因此，妈妈在言行举止、待人接物、生活方式、兴趣爱好等方面要为孩子树立一个良好的榜样，孩子自然会从你的身上学到优秀的品质。

"我的妈妈是朋友"——做孩子最亲密的伙伴

在很多亲子关系中往往存在这样两幅截然不同的画面：小学一二年级之前，亲子关系是亲密、融洽的；可是，三四年级以后，画风顿时一转，亲子关系变得紧张、疏远起来。

孩子升入三四年级以后，我们经常会看到这样一些妈妈：她们对于孩子的教育过于急功近利，一旦孩子的成绩不理想，学习不认真，或是没有按照自己的意愿做事，就会对孩子大加抱怨、指责。

对此，有些妈妈可能会为自己辩解："我是恨铁不成钢，所以才口不择言。"妈妈们的本意是好的，出发点是爱孩子，但是这种教育方式很可能会伤害孩子的自尊心，对其心理造成伤害。

在我国"望子成龙、望女成凤"是所有家长的期盼，但是如果过于急功近利，则很可能既影响孩子的健康成长，也容易伤害亲子之间的感情。

李飞是一个三年级的男孩，他的妈妈对他有很高的期望，为他制定了非常高的标准，希望他在各个方面都能表现得非常优秀、出色。但是李飞自己却有很多无奈的痛苦。比如，李飞的妈妈经常要求他做一些能力达不到的事情，一旦做不好，就会挖苦、讽刺他，"都三年级了，这么简单的事都不会，不丢人吗？"有时候，虽然李飞觉得自己已经做得很好了，但是只要没有达到妈妈的要求，他在妈妈的眼里仍然不是一个好孩子。

在妈妈的高要求下，李飞从小就养成了一种强烈的愿望，那就是要用自己最好的成绩让妈妈感到高兴，否则他就会怀疑和否定自己的能力。而且即便心里有很多的怨言，他也不敢公开地向妈妈抗争。

男孩李飞的处境其实是很多孩子的真实写照，想和妈妈做朋友，但又不能或不敢和妈妈做朋友。在现实生活中，很多妈妈和孩子相处时，总习惯端着为人母亲的架子，对于 3~4 年级的孩子有什么心事，想玩什么，在学习上会遇到什么问题，有什么理想等，却未必非常清楚。时间久了，孩子只会离妈妈越来越远，亲子之间的隔阂也越来越深。

对于 3~4 年级的孩子来说，他们无论是在生活上，还是学习上都需要妈妈的指导，特别是当他们遇到困难，面临更多需要自己处理的事情时，就越发需要妈妈以朋友的身份来帮助他们，而不是总板着一张脸不是对自己下达命令，就是劈头盖脸地指责。

事实上，能够和孩子成为朋友的妈妈，可以让孩子在心理上得到充足的安全感，进而成为孩子坚强的精神支柱。在这种家庭氛围中长大的孩子才会乐于将自己的喜怒哀乐与妈妈分享，而妈妈只有在读懂孩子的内心世界后，所付出的一切才会得到更好的回报。

那么，在日常生活中，妈妈又该怎样做才能和孩子成为无话不说的朋友呢？

方法一：做孩子真正的朋友

一位育儿专家曾说过：妈妈要想做孩子真正的朋友，就要学会放下自己的架子，以平等、平和，孩子乐于接受的方式和他们做朋友。孩子是一个独立的生命个体，渴望与尊重、理解自己的人做朋友。妈妈作为孩子最亲密的人，如果能放下自己高高在上的家长架子，与孩子做朋友，那么良好的亲子关系自然就会建立起来。为此，在孩子的成长过程中，妈妈一定要经常和孩子交流，当然，交流的内容不要仅限于学习，还可以跟孩子谈一谈其他的，比如：兴趣爱好、学校生活、好朋友等等，这些都可以成为亲子之间的话题。

方法二：妈妈要经常反思自己的言行

生活中，很多妈妈和孩子交流的时候，经常会不自觉地带有妈妈的
"威严"，习惯用命令的口气要求孩子这样那样。当孩子的考试成绩没有
达到大人的要求时，就会粗暴地对待孩子，伤其自尊。也许在妈妈看来，
自己这么做都是为孩子好，但是妈妈的这些言行往往会潜移默化地影响
孩子的一切。

妈妈的言行永远都是孩子无声的老师，孩子健全的人格、优良的品
质、良好的习惯以及积极的心态，都是从妈妈那里学来的。因此，妈妈
要时刻规范自己的言行，时时处处为孩子树立好榜样。例如，想让孩子
养成阅读的好习惯，妈妈就要经常专心地看书。要知道，当孩子看到妈
妈聚精会神地看书时，自己也会静下心来，踏踏实实地看书。

方法三：多站在孩子的角度考虑问题

很多妈妈总觉得自己是孩子的长辈，而且生活阅历也比孩子丰富，
所以与孩子相处时，经常会显得很强势。一旦孩子和自己的想法不一致，
就会试图说服孩子；一旦孩子和自己顶嘴，就会恼羞成怒，大加指责，
有时甚至还会做出一些过激的行为。

其实，妈妈要想成为孩子的朋友，就要学会站在孩子的角度看待问
题，简单地说，就是要学会进入孩子的内心，了解孩子的所思、所想和
所盼，这样交流才能顺畅、愉快和有效。当孩子取得成绩时，一定要给
予表扬和鼓励，让孩子体验到成功的喜悦；当孩子遇到困难和失败时，
也不要埋怨和唠叨，而是要给予孩子更多的支持和安慰。事实上，只有

孩子感受到妈妈的尊重和爱抚，才会更有信心，才能感觉到妈妈像伙伴、朋友一样，从而在内心接受妈妈，主动与妈妈交流。

尊重孩子，是妈妈最大的教养

现实生活中，我们经常会看到这样一些妈妈：她们往往不听孩子的解释，就对孩子大打出手；不考虑孩子的兴趣和爱好，就强迫孩子按照自己的意愿安排日常生活或是学习；而且她们还喜欢监视孩子写作业，限制孩子交朋友，包办孩子的衣食住行等等。

在这种教育方式下成长起来的孩子，有的会因为妈妈的压制包办而变得行动力极差，还有的会变得叛逆，甚至最后酿成惨剧。之所以会出现这些问题，原因就在于妈妈不懂得尊重孩子、不懂得平等地对待孩子。

我们常说，最伟大的爱是建立在平等和尊重的基础上的，教育也是如此。因为只有在平等和尊重基础上的爱，才是恒久的爱、真正高质量的爱，而这样的爱又恰恰根源于孩子的心理诉求，所以才会让孩子更乐于接受，也更容易配合。

世界学前教育组织在《童年宪章》中指出：

所有的儿童都不应该受成年人剥削，他们的心灵、大脑和身体是属于他们自己的，不能分割。

所有的儿童都有权在安全并有激励性的环境里游玩、成长和学习，不受伤害和烦恼。

所有的儿童都享有他们所需要的一切来充分发挥他们的潜

能，从而使他们的头脑、身体和情感都得到健康的成长和发展。

对于3~4年级的孩子来说，由于他们处在一个重要的转折期，所以这种权利更应该明确地赋予孩子。即使孩子的身心还没有发展到足够健全，他们依然有被尊重的权利。教育专家卢勤说："与孩子平视，这是所有从事儿童教育的人都应该遵循的原则。我们当家长的，要想被孩子所接受，更应该找好自己的位置，蹲下来，听孩子说，了解他们的思想，知道他们要做什么。妈妈们不该总是居高临下地审视孩子，滔滔不绝地训斥孩子，这样只会阻挡你跟孩子之间的沟通。"所以说，好妈妈的教育秘诀就是要做到平等和尊重地对待孩子。那么，妈妈应该如何具体使用平等和尊重这项教育秘诀呢？

方法一：妈妈要学会"倾听"

在很多家庭最常见的不平等、不尊重，就是妈妈根本不倾听孩子讲话。这些妈妈总觉得自己轻易就能看透孩子、理解孩子，可是，她们反而经常会做出一些随意打断孩子说话，或是对孩子呼来喝去的事情。

有句话是这样说的："倾听就是把注意力放到对方身上，它是爱的具体表现形式。"作为妈妈，若是能耐心地听孩子把话说完，不过多地打断孩子，自然能让孩子体会到被尊重、被关爱的感受。而孩子在妈妈听完话的一瞬间，内心也已经得到了温暖的滋养。

方法二：与孩子进行"平行交谈"

随着孩子年龄的增长，他们往往会觉得坐下来跟妈妈细诉衷肠是一件很别扭的事，但是作为妈妈，必须设法让孩子觉得那样做是一件很自然、轻松的事。

为此，妈妈需要将孩子当成朋友一样对待，与孩子一起讨论问题，听取孩子的建议，给予孩子积极的赞赏，向孩子说出自己的愿望、建议，甚至是敢于在孩子面前承认自己的失误和不足等等，学会用自己的真诚、宽容、幽默帮助孩子解决成长中的烦恼。

相信在这种家庭氛围中成长的孩子，不仅有自己足够的自由天地，而且也能学会自己解决问题，将来也能更好地适应社会，成为受欢迎的人。

方法三：妈妈要学会控制自己的情绪和行为

生活中，有些妈妈总是非常情绪化，比如工作上遇到什么不顺心的事，就会把这种坏情绪带到家里，并且动不动就对孩子大吼大叫。可是，如果妈妈经常是一副愁眉不展的样子，这种坏情绪很容易感染到孩子，让孩子缺乏安全感，变得乱发脾气，做事优柔寡断，还容易形成"讨好型人格"。

我们常说，妈妈情绪稳定，才是给孩子最好的教育。因此，妈妈一定要控制好自己的情绪。比如，不要过分干涉孩子的自由，让他们除了学习之外，做自己喜欢做的事情，这样才能赢得孩子的信赖。与此同时，妈妈也不要给孩子施加超过他们实际水平的压力，这样很容易伤害孩子的自信心。面对逆反心理强的孩子，妈妈更不要一味地指责、唠叨孩子，否则无疑是"雪上加霜"。在提醒孩子的时候，一两遍就足矣，重点是让他明白道理。

妈妈要有一颗平常心，不要以分数论成败

提起孩子的考试成绩，妈妈们无不分外关心。成绩就像是家长心里的一根刺，牵动着她们的每一根神经。但是总有一些妈妈对待孩子的考试成绩态度有失偏颇。如果孩子考得好，妈妈就喜笑颜开；如果孩子考得不好，妈妈就一脸不悦，这种唯分数论的态度，只会让孩子觉得妈妈只看重自己的分数，在学习上压力倍增，同时也会忽视孩子其他优秀的才能。

"分分分，学生的命根"一直牢牢地套住了很多孩子的命运。在这些孩子的家长看来，孩子当下最重要的任务就是学习，于是孩子玩的权利就这样无情地被大人剥夺了，他们每天所做的事情除了学习还是学习。试想一下，如此单调的生活，孩子怎么可能会燃起学习的兴趣？要知道，不是发自内心的主动、自觉的学习，学习效果就不可能会好。

美国教育家斯宾塞曾这样说过："身为妈妈，千万不能太看重孩子的考试分数，而应该注重孩子思维能力、学习方法的培养，尽量留住孩子最宝贵的兴趣与好奇心。绝对不能用考试分数去判断一个孩子的优劣，更不能让孩子有一次为荣辱而伤心的经历。"的确，一次考试的失利，并不意味着孩子会永远失败。因此明智的妈妈应该懂得向前看，培养孩子多方面的能力，要知道分数只是一个参考而已。

那么，作为妈妈，面对孩子考试成绩的高低，怎样处理才能给他们积极的回应，帮助孩子在以后的学习中取得更好的成绩呢？

方法一：发现孩子潜在的能力

一位著名的儿童专家说过这样一句话："并不是孩子的所有才能都

能通过一支笔和一张纸的考试来发现，他们可能擅长建筑、有丰富的想象力或有领导才能。这些才能不能简单地被衡量。"也就是说，很多在考试中表现不佳的孩子，很可能在其他方面拥有高于同龄人的才能。为此，明智的妈妈一定要学会用心去发掘孩子潜在的能力。

也许你的孩子很喜欢动手设计，经常会出人意料地摆弄出一些颇具特色的建筑模型，这时你就要留意了，你的孩子可能很有设计才能；也许你的孩子非常喜欢发表意见，就连上课也会忍不住打断老师主动发言，在告诫他要懂得课堂规则后也不必过分斥责，也许你的孩子很具备演讲才能；也许你的孩子总喜欢刨根问底，动不动就问你"为什么"，那么请你千万不要不耐烦，而应鼓励孩子大胆提问，也许将来他很可能就是一名科学家；也许你的孩子喜欢发号施令，做家务时经常将一家人的分工安排得井井有条，你不用觉得他是越俎代庖，也许你的孩子是天生的领导者。

每个孩子都有特殊才能，为此，妈妈要有一双善于发现的眼睛，找到孩子的兴趣，捕捉到孩子的潜在才能，不要只看重考试成绩而忽视孩子其他方面的能力，也不要因为一时的考试成绩而抹杀掉孩子的潜能。

方法二：关注孩子的学习心理

生活中，有些家长几乎很少关注孩子的学习心理，他们往往因工作忙，很少能抽出时间监督孩子的功课，便盲目地根据孩子的考试成绩来判断他有没有认真学习。也有一些家长认为孩子的学习是学校的事，于是把孩子全部交给了学校，即使孩子在学习心理上出现偏差，也不知道去探究原因，引导和帮助孩子调整学习心理。而另外一部分妈妈喜欢陪读，一旦孩子遇到问题，马上就会帮忙解决。这样很容易让孩子养成依赖的习惯，很难做到独立思考，久而久之就会变得懒于动脑。

可以说，这些妈妈在教育孩子时往往只重视考试的结果，却经常忽略对孩子学习心理的正确引导。其实，分数的高低只能表明孩子在某一阶段学习的成果，关注孩子的学习心理并让孩子学会正确地看待学习、科学有效地学习，孩子才能应对未来的各种学习任务。因此，明智的妈妈要懂得关注和调试孩子的学习心理，端正其学习态度并引导其养成良好的学习习惯。

方法三：培养孩子良好的学习习惯

很多孩子之所以缺乏学习兴趣，学习上经常会遇到一些困难，往往不是因为智力问题，而是因为没有养成良好的学习习惯。为此，妈妈要有意识地训练孩子的专注力、认真态度，切实帮助孩子解决学习上的问题。同时，妈妈要特别重视帮助孩子养成预习—复习—按时完成作业的习惯。要知道，三年级是强化良好习惯和纠正不良习惯的关键时期，良好的学习习惯是孩子学业成功的一个关键因素。

家校合作，为孩子的健康成长助力

教育孩子是一个系统工程，学校教育和家庭教育都是这个系统工程中的重要环节。在教育孩子的时候，妈妈和老师之间的互动非常重要。打个比方，在教育孩子时，老师和妈妈就像一对眼睛——如果睁一只眼闭一只眼，则一只眼睛会将一边的情景看得一清二楚，而另一只眼睛则对此一无所知；如果两只眼睛合起来看，才能看到完整的风景。

除此之外，孩子在学校的时间基本上和在家里的时间一样多，老师对孩子的了解程度一点也不亚于妈妈。而且 3~4 年级的孩子都比较听老师的话，不仅会因老师的权威而完成学习任务，往往还会表现得很积极。可以说，每一个成功孩子的背后都有老师和家长的共同参与。

因此，当妈妈遇到解决不了的教养问题时，就要及时地和老师沟通，当然前提是一定要信任老师。这里所说的信任并非碍于面子迫使自己一味地听从老师，这不是良好的沟通状态，也不利于问题的解决；而是尊重并相信老师，相信他们所做的工作都是为了孩子好。在这个前提下，家校双方再一起想办法解决问题，为孩子的健康成长助力。如果老师们感受到家长对自己的信任，自然也会特别舒心，也很乐意和家长一起帮助孩子解决问题，实现成长。

那么，妈妈又该如何加强同老师的沟通与合作，从而更好地培养孩子呢？

方法一：主动配合老师，支持老师的工作

首先，妈妈应该了解学校在学习、生活等方面的规章制度，比如，了解相关的"学生守则""学生日常行为规范"等等，然后，尽力配合和支持老师的各项工作。比如，督促孩子遵守学校规定，按时完成作业，陪孩子参加亲子运动会，参加活动不迟到，积极参加孩子的家长会，培养孩子的生活自理能力等等，这些都是最基本的份内之事。

方法二：认真对待家长会和老师的"投诉"

人与人之间的相处，都有赖于良好的沟通，只有沟通顺畅，彼此之间有了理解认同，关系才会和谐。因此，在开家长会的时候，妈妈应该积极与老师沟通，了解孩子在学校的各种情况与表现，这样孩子才会更加喜欢学校和学习生活。为此，家长不仅要了解孩子的缺点，更要了解孩子的优点。对于孩子的优点，要给予合理、恰当的表扬，让他在鼓励中更加自信，从而向更好的方向发展。对于孩子的缺点，妈妈不要直接跟孩子提及，而应在平时生活中通过行动慢慢地进行引导、纠正。另外，对于"叫家长"这件事，妈妈也要积极配合老师的工作并听取老师的意见建议，教育好自己的孩子，而不是动不动就对老师的"投诉"心怀质疑和抱怨。

方法三：尊重老师，但不要事事顺从

妈妈要认真听取老师对孩子问题的分析，倾听老师提出的一些教育建议，然后共同商讨解决问题的方法。当然，在此之前妈妈最好能认真地与孩子谈一次话，然后再把孩子遇到的问题、忧虑全部提出来，和老师共同探讨交流。

但是，妈妈也要有自己的判断，不能把"配合老师工作"简单地理解成"老师怎么说，我就一定要怎么做"。若是发现老师掌握的孩子情况有偏差或解决的办法不能奏效，也可以开诚布公地跟老师交换意见，不过，一定要注意自己的言语和态度。

面对 3~4 年级的孩子，妈妈容易陷入的教养误区

英国教育家洛克就曾说过："教育上的错误和配错了药一样，第一次弄错了，决不能指望用第二次和第三次去补救，它们的影响是终生清洗不掉的。"

那么，在与 3~4 年级孩子的相处中，我们又经常会陷入哪些徒劳又

伤感情的教养误区呢？

误区一：信奉"不严厉教不出好孩子"

生活中，我们经常会看到这样一种现象：比如孩子考试没考好，妈妈就会大发脾气："你怎么这样笨？""你怎么这么没志气？"其实，考试考砸了，孩子自己也很难过。孩子也有自尊心和上进心，也害怕妈妈的批评、责罚。如果妈妈此时一再用言语打击孩子，只会让孩子更加痛苦，要么情绪消沉自信受挫，要么因逆反而与妈妈对着干。

也许很多妈妈认为自己经常批评孩子的初衷都是为了孩子好，打击孩子也是为了让他们更上进，然而这只不过是妈妈一厢情愿的想法罢了，实际上这种做法只会给孩子的成长带来无法弥补的伤害。

如果孩子对学习失去信心，妈妈应适当地给予鼓励，而且要经常用赏识的目光看待孩子的优点。然后，再一点点地引导孩子找到成绩落后的真正原因，并帮助孩子改正。在这个过程中，妈妈一定要看到孩子的进步，哪怕只是很小的进步，也要及时给予鼓励和赞赏，这样孩子的成绩才能有所进步。

误区二：用物质弥补亲子感情

生活中，很多妈妈平时总是忙于工作，陪孩子的时间很少，和孩子交流、沟通的时间更少。于是，为了弥补内心的愧疚，这些妈妈对于孩子的各种要求往往是有求必应。然而，孩子却变得越来越不听话，难以管教。

也许这些妈妈认为孩子只要吃好、喝好、穿好就行，可是对于孩子来说，用再多的物质去满足他们的一个个愿望，都不如妈妈给予孩子真正高质量的陪伴与沟通。

对于3~4年级的孩子来说，正是需要妈妈精神抚慰的关键时期，因为孩子的性格、道德观基本上都是在此之前形成的，妈妈与孩子亲密的亲子关系、平等和谐的交流对于孩子形成正确的世界观、价值观都有很大的影响。所以，妈妈就算工作再忙，也不能忽视与孩子的情感沟通，更不能用物质取代情感需求。

误区三：认为孩子小没有隐私，父母有权干涉

一个小女孩央求她的阿姨说："阿姨，你能不能让妈妈不要动不动就翻我的日记看啊？"原来，这位妈妈发现女儿最近有点和平常不一样，想从她的日记里找出点蛛丝马迹。

我们很理解妈妈爱女儿的心情，但并不支持她的这种做法。毕竟孩子也是有隐私的，3~4年级的孩子虽然还没有长大，但已经有了独立意识，原先无所顾忌敞开的心扉也会渐渐关闭。这是3~4年级孩子思维和个性上的成长，值得妈妈高兴，但是很多妈妈却没有看到这一乐观的方面。她们更多地是从自己的感觉出发，认为孩子是自己的"私有品"，不允许孩子对自己有所隐瞒。

孩子的行为使妈妈觉得自己受到了伤害，便使用各种手段随意打探孩子的隐私，比如偷看孩子的日记、信件，偷听孩子的电话等。妈妈认为自己这样做完全是为孩子好，认为自己对孩子的一举一动掌握得越全面越有利于孩子的成长。但是这种做法只会让孩子觉得妈妈不尊重自己，于是不再相信妈妈，有了什么问题也不会主动和妈妈说。这样，妈妈再

想走进孩子的内心世界就会变得十分艰难，原本和谐的亲子关系也会受到破坏。

因此，妈妈要尊重孩子的隐私，给他们一个完全属于自己的空间。比如，不随便进入孩子的房间，有事情要敲门，得到允许后再进入；不随意查看孩子的短信和日记；不追根究底地打探孩子不愿意说出的秘密。只要妈妈尊重孩子，双方的关系才能更亲密、融洽。

误区四：认为自己的决定都是为孩子好，把自己的理想强加在孩子身上

有些妈妈由于各种各样的原因，有很多梦想都没有实现，因而在培养孩子的时候很可能就会按照自己的意愿行事，希望孩子延续自己未完成的梦想。比如，一位妈妈非常喜欢音乐，但当年并没有考上音乐学院，于是她就非常希望孩子能学音乐，根本不考虑孩子的想法。

每个孩子都有自己的兴趣爱好，虽然兴趣是可以培养的，但妈妈不能什么事都替孩子做主。妈妈只需要教给他什么是对，什么是错，让他的身心健康成长，培养他健全的人格即可，而对于孩子的兴趣、爱好等，则不要过多地干涉，这样才能让孩子按自己的天性成长。

第二部分

3~4 年级，
决定孩子一生的好成绩

第四章

3~4年级，如何让孩子变成爱学习的天使

3~4年级的学业相对1~2年级的难度加大了很多，对孩子的学习能力要求也更高，所以这一时期是孩子厌学和偏科的高发期。如何培养孩子学习兴趣，获得优秀成绩，成了摆在妈妈面前的一道难题。

学习兴趣——孩子学习的永恒动力

每个妈妈都知道，兴趣是孩子学习的主要动力。教育心理学认为：兴趣是一个人倾向于认识、研究获得某种知识的心理特征，是可以推动人们求知的一种内在力量。简而言之，孩子对某一学科有兴趣，就会持续地专心致志地钻研它，从而提高学习成绩。

小斌今年上四年级，平时最喜欢看的动画片就是《猫和老

鼠》。当他还不识字的时候就知道那个猫咪叫汤姆，而小老鼠叫杰瑞，而且看英文字母就能分辨出来。可以说，小斌最初学到的英文都是妈妈通过《猫和老鼠》教给他的，而且印象深刻，到了三年级他还能记得当时学习的那些单词。

从小斌的经历中可以看出：只要孩子对学习有了兴趣，那么他的学习效率就会提高一个档次。可以说，如果孩子有了兴趣，那么学什么都不成问题。

孩子的学习动力除了兴趣外，另一个就是好奇心的驱使。如果能把好奇心运用到孩子的学习中，那么他们学起来必然会如鱼得水。反之，如果孩子对学习不感兴趣，即使妈妈强迫孩子打开书本，他们也学不进去，"好之者不如乐之者"说的就是这个道理。

学习兴趣就像是铁轨，妈妈只要引导孩子驶上轨道，并适时给予合理的引导，孩子自然能取得好成绩。所以要想孩子取得好成绩，激发孩子的好奇心，引导孩子对学习产生兴趣是必不可缺的一步。

李丽的儿子上4年级的时候作文水平很差，已经严重影响到了他的整体成绩。原因是写作文的时候，他不知道怎么把词语揉进文章里去。久而久之，他的语文成绩不断下降，对于语文的学习也失去了兴趣。

为了提高儿子的写作能力，李丽想了很长时间，后来她发现儿子对金庸的武侠剧非常感兴趣，于是灵机一动：儿子不是很喜欢武侠剧吗？为什么不从这个点切入呢？

周末她从音像店买了几部金庸的武侠剧，一回到家就跟儿子说："看妈妈给你买了什么？"儿子一看到金庸的武侠剧，两眼顿时发亮。李丽对儿子说："以后你可以每天看一集武侠剧，但是你要答应妈妈一件事！每天看完一集电视剧后，你要用文字把这一集电视剧的剧情写出来，字数在500字以上……"李丽还没有说完，儿子居然很爽快地答应了。就这样，一部电视剧还没有看完，儿子的写作能力就迅速得到了提高。没多久，语文成绩也有了明显的进步。

这位妈妈激发孩子学习兴趣的办法真是巧妙！其实培养孩子的学习兴趣和做饭是一个道理。有的孩子不爱吃蔬菜，妈妈就会将蔬菜切成丁，然后和肉炒在一起，这样混合之后，孩子渐渐也会吃一些蔬菜了。培养孩子的学习兴趣也一样，孩子不喜欢写作，但对电视剧感兴趣，那就把它们混起来！这样"荤素搭配"，孩子的学习才能"营养均衡"。

孩子在3~4年级的时候，求知欲正处于旺盛阶段，对知识并非完全没有兴趣。作为家庭教育的主要实施者，妈妈应该采取一些积极的措施，培养孩子的学习兴趣。而且孩子在3~4年级前后，学习习惯、学习状态还没有完全定型。如果妈妈能在这个关键期对孩子进行正确的引导，注重培养孩子的学习兴趣，一定会起到事半功倍的作用。那么，妈妈应该如何培养孩子的学习兴趣呢？

方法一：尊重孩子的兴趣

3~4年级的孩子，大部分都已经有了自己的兴趣爱好。但是在生活中，很多妈妈会以"我都是为了孩子好"的理由要求孩子放弃某些兴趣爱好，甚至强迫孩子做一些他们根本不感兴趣的事，这是极为不明智的。

童话大王郑渊洁说过："不要在孩子不感兴趣，还没有能力理解的时候，让他做任何不感兴趣的事情。"

确实，没有兴趣的孩子只能为了生存而去复制这个世界，不会创造出什么奇迹来。要让孩子爱上学习，妈妈一定要懂得尊重孩子的兴趣，只有尊重了孩子的兴趣爱好，孩子才会在兴趣中学会丰富自己，不断地探索更宽广的世界。但是很多妈妈却认为孩子的兴趣爱好无非就是玩耍，如果任由孩子这么做，只会玩物丧志。

小林从小就喜欢打篮球，到了3~4年级的时候更是进入了狂热期，每天一放学，功课也不做，就约同学去打球。小林的妈妈怕他只玩不学习，于是决定不再放任他了。

一天晚上，妈妈把小林叫到身边对他说："小林，从明天开始你不能去打球了，每天放学后，就乖乖回家做功课。"小林是个听话的乖孩子，因为怕妈妈生气，所以从第二天开始，就再也没有去打球。

但是一段时间下来，小林的学习成绩不但没有进步，反而退步了不少。妈妈找了许多方法也不见效果。一次小林的老师给妈妈打电话说："小林最近上课总是心不在焉，上课的时候老是盯着篮球场。"听了老师的话，小林的妈妈茅塞顿开，等到小林放学后，妈妈便对小林说："你可以继续去玩篮球，但是要记住，尽早回家做功课，不能太晚回来。"就这样小林的学习成绩又有了提高。

生活中，孩子的某些兴趣爱好可能在妈妈看来是"玩物丧志"，但是换个角度想一下，那些兴趣爱好可能恰恰是对孩子学习的一种调节，不但不会阻碍孩子学习的脚步，而且可能会促使孩子更认真地去学习。所以，妈妈在培养孩子兴趣爱好之前，首先要做的就是尊重孩子的兴趣爱好。

方法二：把兴趣与知识学习联系起来

如果妈妈仔细观察就会发现：很多针对孩子的药品往往都是甜味的；孩子喜欢看的动画片都是将知识融合在有趣、好玩的动画里；很多孩子的文具、衣服等也被设计得非常卡通、可爱。为什么会这样呢？答案很简单，无非是让孩子对某件事物更感兴趣。既然如此，为什么妈妈不用这种方法来培养孩子的学习兴趣呢？

背英语单词，相信这是很多孩子都很讨厌的学习任务。确实，3~4年级的孩子正处在好动、好玩的年纪，让他们乖乖地坐下背枯燥乏味的单词的确有点难为他们。为此，妈妈可以尝试找到孩子最感兴趣的事物，将其与背单词巧妙地结合起来，以培养孩子的学习兴趣。例如，上文提到的那位妈妈知道孩子很喜欢看武侠剧，就给孩子买了金庸武侠剧音像制品，借武侠剧来提高孩子的写作能力。

在把孩子的兴趣与知识结合之前，妈妈首先要找到孩子的兴趣爱好并加以分析，然后把学习和兴趣联系起来，找到共同点和相关性，并将学习巧妙地"嫁接"到孩子的兴趣爱好上。需要注意的是，3~4年级的孩子已经不再是小孩子了，他们能够明显地感觉到妈妈这样做的目的，所以采用这种方法之前妈妈必须要非常清楚孩子感兴趣的那些事物，在此基础上，才能根据情况采取正确的策略。

方法三：培养孩子的学习兴趣，应因材施教

有的妈妈抱怨，为了培养孩子的学习兴趣，什么方法都用上了，从看家教书到听专家讲座，但效果都不明显。很显然，这些妈妈在培养孩子的学习兴趣时犯了一个错误，就是生硬地套用别人的教育方法。其实，妈妈应该根据孩子的性格、爱好等特征采用有针对性的方法教育孩子。

比如，有些孩子性格开朗，非常活跃，平时总是说个不停，到哪里都是大家注意的焦点，妈妈就要抓住孩子喜欢与人交流、口头表达能力强的特点，为孩子营造轻松活跃的氛围，和孩子聊天，借机向他们灌输知识，并提高他们的学习兴趣。同时妈妈还要注意，对这类孩子，培养学习兴趣的方法要经常更新，以免他们因为感到厌倦而对不变的方法失去兴趣，进而对学习也失去兴趣。

还有一类孩子，他们不太喜欢说话，喜欢安静，通常这类孩子性格比较内向，但是探索精神比较旺盛，很多妈妈都觉得这类孩子思维活跃只是不善于表达。针对这类孩子，妈妈可以多给孩子买一些书籍，教给孩子查找资料的办法，让孩子自己去解决问题，而妈妈只要提供后勤保障即可。当孩子通过自己的努力找到问题的答案之后，会获得很大的荣誉感和满足感，求知欲也会越来越强，学习兴趣自然而然就培养起来了。

总之，教育孩子不仅仅是给孩子好的物质保证，还需要给孩子优质的教育。所谓优质的教育并非是简单的让孩子上名校、给孩子请家庭教师，而是结合孩子的性格特点，帮他设计一条最适合的道路，从而让孩子的天赋和能力得到充分的发挥。

方法四：多赞赏孩子

3~4年级的孩子虽然已经有了一定的自我意识，但还是渴望被赞赏。

因此，妈妈的赞赏是激发孩子学习兴趣的一剂良药。妈妈要善于发现孩子的优点，平时多鼓励孩子，这样才能增强孩子的自信心；当孩子取得好成绩时，一定要及时给予恰当的赞赏，让孩子体验到成就感，促使他继续努力；当孩子进行探索性活动时，要多支持；当孩子考试不理想、情绪低落或是学习疲惫的时候，更要及时鼓励孩子，舒缓孩子的情绪，让孩子形成乐观的学习态度。

方法五：在家庭中营造良好的学习氛围

只有肥沃的土壤才能长出好庄稼，只有良好的家庭环境才能培养出优秀、聪明、活泼的孩子。所以，妈妈在平常要以身作则、热爱学习，身教重于言教。我们可以设想，如果妈妈督促孩子努力学习，自己却常常看电视、玩手机，那么孩子必然不会心甘情愿地好好学习；如果妈妈饭后伴一杯清茶，或看书，或端坐在书桌前勤练书法，孩子耳濡目染，自然也会养成经常看书、学习的好习惯。

好奇心——让孩子带着问号去学习

经常有妈妈抱怨：都是一样的孩子，自己给孩子的也没缺什么，为什么别人家的孩子学习那么好，自己家的孩子学习就这么差呢？可能在这些妈妈的眼里，有些孩子好像天生与学习"绝缘"，只有在妈妈的催促和监督之下，他们才会不情不愿地去读书。

其实这种想法本身就有问题，模仿和学习可以说是动物的天性。人类作为万物之灵，当然也不例外。那为什么在现实生活中，有的孩子有好奇心，对学习很感兴趣，而有的孩子却对学习毫无兴趣呢？这其实和妈妈的引导有很大关系。

孩子的好奇心就像一颗种子，如果妈妈不创造一个适合萌发的环境，那么这颗种子就不会发芽，甚至由于妈妈的方法不对，种子还可能被扼杀在萌芽期。例如，有些妈妈一味关心孩子的成绩，从来不让孩子看课外书，限制孩子出去玩，导致孩子接触的新事物不多；还有些妈妈对孩子提出的问题经常不屑一顾，且讽刺其"真笨""这都不懂""你怎么那么多问题"……试想，经常被妈妈这样打击，孩子的好奇心与学习兴趣、求知欲望都会大受打击，甚至有的孩子会因此放弃求知的愿望。一个没有求知欲望的孩子，又怎么能成为一个爱学习的孩子呢？不爱学习自然也就学不好。

小丽是个乖巧的孩子，学习成绩也很好，可是每次上科学课的时候总是提不起精神来。所以每次班级评优时，她都会因为科学课成绩太差而落选，这件事也让妈妈很担心。科学课作为一门自然、生物科学，本身就能很好地激发孩子的兴趣及爱好，为什么小丽对科学课不感兴趣，无心学习呢？

有一次，妈妈从乌鲁木齐出差回来，给她带回一个礼物——枫叶书签。这套枫叶书签，一共有十张，有的是风景图，有的是标本。小丽看到这些漂亮的书签后，爱不释手，突然想起了什么，就问妈妈："妈妈，真的是'霜叶红于二月花'，真漂亮。可是为什么其他的树叶一到秋天就变黄，而枫叶却变红呢？"

妈妈的一片苦心，终于得到了回报，她笑着对小丽说："孩子，答案就在书架上，为什么你自己不去寻找答案呢？"

小丽马上跑到书房，仔细地翻看有关树木的书籍。果然功夫不负有心人，她终于在一本《植物学》的书上，找到了答案：枫叶颜色由细胞中液泡里的花青素决定。到了秋天，气温降低，光照减少，枫树叶片中细胞液此时呈酸性，所以整个叶片呈红色。

看到书上的答案，小丽这时才想起原来自己的科学课本里也讲过这个知识，只是叙述得没有那么详细。

当小丽把答案告诉妈妈时，妈妈高兴地说："孩子，你真棒，这个答案妈妈都不知道，以后你要记住，问号是世界上最好的老师，因为只有疑问，才能让人思考；只有提问，才会有创造；只有解答，才会爱学习。所以以后要带着问号去生活，时刻带着一颗好奇的心去学习！"

自那以后，小丽总是带着好奇心去上科学课，成绩也渐渐好了起来。

其实，3~4 年级的孩子已经具有了一定的自我意识和理性思维能力，但学习欲望可能还处在未开发的阶段，妈妈要积极地给予其启蒙的作用，这样才能更好地激发孩子对未知事物的好奇心。

从上文的案例中我们可以发现，孩子有着与生俱来的好奇心，对周围的新鲜事物充满了浓厚的兴趣，有时候给孩子带回一个标本，或是带来一个玩具，孩子的好奇心就会从这些物品里萌生出来，这样自然而然地带着疑问与探索去学习，成绩自然也能得到显著的提高。那么，在生活中，我们具体该如何激发孩子的好奇心呢？

方法一：积极应对孩子的提问，帮助孩子树立自信

孩子在 3~4 年级的时候，生活对于他们来说还是陌生、新鲜、神秘的，这时的他们往往有很强的探索欲和求知欲，总是有无穷无尽的"为什么"萦绕在他们心头。可是，当孩子问"为什么"时，有些妈妈总是不耐烦地敷衍了事，有的甚至还会责备孩子"钻牛角尖"。其实，孩子有这些问题是好事，妈妈不但不应该责怪孩子，还应该及时予以肯定和鼓励。因为孩子只有对周围的一切怀有疑问时，才会萌发出好奇心，才能树立起自信心。

因此，当孩子问问题的时候，妈妈最好能放下手头的事情，专心倾听，并配合点头和微笑鼓励孩子，给予其积极的回应。如果妈妈对孩子不理不睬，说一些伤害孩子自尊心的话，那么只会使孩子感到非常沮丧，不敢跟妈妈提出任何问题，久而久之，孩子宝贵的好奇心也会随着年龄的增长渐渐消失。

另外，从孩子所问的问题来看，妈妈也要学会灵活地处理。一般孩子的问题大致有以下几类：一是经过妈妈启发，孩子可以自己得出答案的问题；二是孩子得不出答案，妈妈知道答案的问题；三是孩子和妈妈都得不出答案，但是可以通过寻求资料来解决的问题。当孩子提出问题时，妈妈首先要明白它属于哪一类问题，然后再根据具体情况作答。若是第一类问题，妈妈不要急于给出答案，而是应该鼓励孩子自己开动脑筋，认真思考，如果真的需要大人帮助，这时妈妈再帮助孩子查阅相关的书籍和资料，培养他们自己找到问题的答案。若是第二类问题，妈妈可以根据孩子思维发展的情况，耐心细致地向孩子讲解，引导孩子找出答案。若是第三类问题，妈妈应该非常诚实地对孩子说："这个问题我也不知道答案，等我知道了答案，再来告诉你。"或是直接对孩子说："不如我们一起查阅资料，寻找答案吧。"这样一来，不但呵护了孩子的好奇心，而且还让孩子学会了如何解决问题，一举两得，何乐而不为呢？

方法二：保护孩子"破坏性的行为"

一些造型奇特的新奇物品往往会激发起孩子的好奇心，并且驱使他们动手进行一些"有意的破坏"。其实，这正是孩子求知欲、好奇心的一种表现，是孩子思维活跃的一种体现。

聪明的妈妈应该因势利导，对孩子的这种行为加以保护，在某些情况下，不妨允许孩子用自己的方式研究物品，哪怕结果不尽如人意，也始终要给予孩子积极的支持。

当孩子通过自己的努力战胜挑战，哪怕做得不够完美，他也能在这个过程中感觉到"我能行"，这样内在的成就感就会油然而生，激励他以后做得更好。

方法三：鼓励孩子大胆尝试和创造

孩子进入小学阶段，周边的环境自然而然地决定了他们关注的更多，想的更多，想法也更新奇。如果孩子对于周围的事物仅仅停留在好奇的表面上，那就仅是好奇心而已。要知道，好奇心是创造力的来源。为此，妈妈要尽可能地鼓励孩子将好奇心转化成行动，鼓励孩子大胆地去设想、尝试，相信总有一天，你会有意想不到的惊喜。

梦想——让孩子带着动力去学习

约翰·戈达德是 20 世纪著名的探险家，也是英国皇家地理学会会员、纽约探险家俱乐部成员。8 岁时，祖父送给约翰·戈达德一幅世界地图，他对这幅世界地图的兴致极高。后来，正是由于对这幅地图满怀憧憬与期待，15 岁时，约翰·戈达德对其一生计划要做的事情列了一张清单，这张清单共列出了 127 个目标。

他这样写道："探索尼罗河、亚马逊河以及刚果河；登上珠穆朗玛峰、乞力马扎罗山和麦金利峰；追溯马可·波罗和亚历山大一世的足迹；在电影里饰演一个角色；写一本书；谱写一部音乐作品；拥有一项发明专利；给非洲的孩子筹集 100 万美元捐款……"

因为有了梦想，才有了奋斗的目标。52 岁时，约翰·戈达德经历了 18 次死里逃生，克服了常人难以想象的困难，实现了其中的 106 个愿望。心有多大，舞台就有多大。有了梦想的激励和汗水的浇灌，人生终将绽放出成功之花。

我们每个人都有自己的梦想，小时候这些梦想可能是穿上新衣服，读更多的书，当科学家，或是到各地旅行等，这些梦想成了我们成长路上的明灯。对于孩子来说，梦想尤为重要，梦想可以说是孩子最大的前进动力。如果孩子有了梦想就代表未来有着无限可能。而一个始终保持梦想并为之奋斗的孩子，比那些没有梦想的孩子，取得的成就会更大。

梦想的动力到底有多大呢？有一位家长对此有着非常深刻的体会。

儿子自小就有出去旅游的理想。记得他上 3 年级的时候，学校里组织了一次暑期夏令营活动。队员名额只有 10 名，可以想象，在全校 500 人里面选 10 人，竞争是何等的激烈。

选拔标准是，首先写一份申请，然后进行 5000 米长跑，最后选出前 10 名学生。当儿子请求我们让他参选的时候，我们都为他捏了一把汗，论个头、论体质，孩子最多属于中等水平，他怎么可能从那么多身强体壮的同学中脱颖而出呢？

但是儿子的态度十分坚决，首先他写了一篇充满激情的申请书，此后每天早早起床练习跑步，这对于爱睡懒觉的他而言难度是不敢想象的。更让人吃惊的是，最后的选拔结果，儿子竟获得了冠军。

然而，有的妈妈并不懂得尊重孩子的梦想，而是经常给孩子的梦想设置这样两道障碍：这个梦想和学习挂钩吗？这个梦想是不是我认为的不错的梦想？实际上这种做法非常不可取，孩子很可能会变得毫无个性，平庸且不快乐。试想，这样的孩子，在以后又能做出什么成绩来呢？

大多数中国妈妈总是在潜意识里将孩子视为自己的私有财产，在孩子的成长过程中她们始终扮演着"造物主"的角色。孩子就像是妈妈的画布，任凭妈妈按自己的想法在这张画布上肆意涂写。而她们所谓的幸福图画无非是高学历、高工资、高职位。殊不知，妈妈对幸福的定义会深深地影响到孩子，在这种管教方式下长大的孩子很可能成为一个内心冷漠的物质主义者，无法品尝到生命真正的快乐。哈佛大学的一位教授曾说："人生的意义在于追逐幸福，而幸福就是做想做的事。"所以，请妈妈适时松手，让孩子按自己的天性去追逐梦想。

那么，当孩子有自己的梦想时，妈妈又该如何引导，才能使他们带着自己的梦想去学习呢?

方法一：激发孩子的内在动力

相对于低年级而言，3~4年级的知识难度有所增加。此时，如果孩子没有一个更持久的动力，那么他们学习的劲头就会有所懈怠，所以梦想对孩子来说至关重要。

教育心理学研究发现：孩子学习的动力分为内在动力和外在动力。外在动力包括妈妈、老师等看护人的催促和命令。不过，外在动力也有自身的缺点，那就是只能在某一个时间段对孩子的学习起到促进作用。而内在动力则是让孩子由"要我学"转变为"我要学"，这种内在的动力大多来自于孩子自身的梦想。

既然内在动力的作用如此巨大，那么，作为承担着教育孩子第一重任的妈妈又该如何帮助孩子激发他们的内在动力呢?

首先，妈妈要善于发现孩子取得的进步。日常生活中，妈妈要注重和孩子的沟通，经常关注孩子的成长变化，例如，孩子每天放学的时候，妈妈可以问问孩子，"今天在学校学了什么新知识，数学题是不是可以做更难的了……"也就是说，妈妈要让孩子知道虽然妈妈没有在自己身边，但是一直都在关心着他，而妈妈的这种关心无疑能更好地促进孩子更加认真地学习。

其次，对于孩子已经取得的进步，妈妈要及时予以肯定。对于3~4年级的孩子来说，随着他们社会认同意识的逐渐增强，非常希望自己的进步能够得到大人的肯定，而且这种肯定也能进一步作用在孩子身上，并转化为他们继续努力学习的动力。例如，在孩子取得进步时，妈妈可

以在别人面前夸奖他，并让孩子听到，使他形成这样的意识：妈妈以我
的进步为荣。

再次，妈妈还要不断地为孩子创造成功的机会。为此妈妈可以根据
孩子的优势，有意识地让他做一些自己擅长的事情。当孩子取得进步以
后，就会进一步增强自己学习的内在动力，进而取得更大的进步，例如，
孩子数学成绩较好，家长可以在买菜回来的时候，让孩子帮忙算下自己
一共花了多少钱等等，在生活中时时处处激发孩子学习的潜能。

方法二：把目标细化，让孩子更容易看到希望

有时候如果梦想过于远大的话，孩子反而会因为看不到希望而失去
学习的动力。

有个孩子最大的理想就是当个数学家，刚开始的时候他学
习非常认真，但是没过多久，数学成绩出现下滑，这个孩子也
因此变得自暴自弃。妈妈激励他说："数学家哪能这么容易被打
败？"孩子却不以为然地说："想要成为数学家简直太难了！算
了，我还是放弃吧！"

这位妈妈原本是想激起孩子对数学的热情与动力，没想到反而成了孩
子放弃成为数学家的借口。3~4年级的孩子由于心理、智力以及能力上的
不足，遇到困难时，很容易退缩，所以妈妈应该帮助孩子将其理想和目
标尽量细化，让孩子能够看到希望。

具体来说，妈妈在指导孩子复习数学时可以这么做：一是将目标数
字化，即明确做几道题目，看几页书等。一是将目标限期化，比如规定

孩子在一周内背多少个词组，学习多少个生字等。一是将目标具体化，即把目标落实到一天、一周、一个月、一学期。这样，通过长期坚持不懈的努力，孩子的成绩很容易就会赶上来。

总之，妈妈帮助孩子细化目标时，家长一定要和孩子达成共识，让孩子能够看到希望。在此过程中，家长可以经常引导孩子取得一些小进步，让孩子从中体会到进步带来的快乐。这样一来，孩子就会变得越来越自信，并努力坚持下去。相反，如果总是让孩子努力，而尝不到成功的甜头，孩子很可能就会失去学习的动力。

有一个孩子从小喜欢读书，而且涉猎广泛，他的语文成绩非常棒，特别是作文经常刊登在校报上，孩子的目标就是将来成为一名作家。有这样的理想自然是好的，但是孩子的妈妈考虑到整天把作家当目标显然是很空的大话，起不到实际的作用，反而会让儿子自高自大。

为此，妈妈帮助孩子细化了这一目标：第一步，眼下要做的就是多读书，扩充自己的知识量和词汇量；第二步，在此基础上，系统地掌握一些作文方法和技巧；第三步，让孩子多体会生活，多观察生活，并经常练笔。

有了这些具体的方法，孩子成为作家的梦想就成为切实可行的目标。后来，孩子坚持了一段时间之后，写作水平果然又上了一个台阶。

可以说，这种目标设定法不仅让目标更细化了，而且考虑了孩子的长远发展，让孩子无时无刻不在梦想的督促下努力学习。

不急于求成——妈妈如何调整自己的最佳期望值

一般家庭聚会的时候，经常能听到妈妈们在旁边唠叨：有的希望孩子将来上个好初中，考个好大学；有的希望孩子将来能到国外留学……妈妈们的心情可以理解，但是孩子的学习，最应该关心的是他能学到多少有用的东西，学习的时候是不是足够认真。如果妈妈不考虑实际情况，只是根据自己的期望要求孩子，很可能会适得其反，不仅会给孩子带来很大的成长压力，也会给自己带来不必要的焦虑和烦恼。

有个孩子，在他3年级的时候，由一所普通小学转到重点小学。孩子的性格有些内向，所以转学两个月了，还没有完全融入班级生活，也没有交到知心的朋友。

有一次，有位同学过生日，邀请了班上的一些同学到家里做客，这个孩子也一同去了，到了陌生的环境，孩子变得非常拘谨。一开始同学们以为他是因为害羞而不敢说话，但是，后来大家才知道男孩的妈妈才是问题的关键所在。

据孩子说，他的妈妈初中没有毕业，因此便将上学深造的理想都寄托在了儿子的身上，因此，这个男孩从小就受到了妈妈严格的约束和管教，平时所有时间除了学习还是学习。别的孩子写完作业后就可以看动画片，而他不得不做课外辅导。因为妈妈不给孩子玩的时间，导致孩子不会交往，常常自我封闭。

毫无疑问，这个孩子之所以会出现人际交往障碍，大部分原因是因为他的妈妈对孩子的期望值过高，给孩子精神上带来了巨大的压力。试想，这个年龄的孩子本来就处于爱玩的阶段，而他的个人时间却被妈妈无情地剥夺了，个性与人际交往能力出现障碍也就可想而知。

当然，这并不是说对孩子有期望不好，妈妈对孩子寄予适度的期望可以增强其自信心，但是如果妈妈对孩子的期望过高，不仅不能使孩子的智力得到充分的提升，相反还会给孩子带来很大的心理压力，甚至产生自卑感。

如果妈妈真的爱孩子，就要根据孩子的年龄和学习程度的不同，调整自己的期望值。妈妈要明白对于 3~4 年级的孩子而言，他们的心理和生理都没有完全成熟，还处于一种非常稚嫩的阶段，就好像是小树苗刚刚开始成长一样。这时，如果妈妈早早地给他们压上担子，让其承受难以承受的压力，未来的参天大树可能就会毁在这些超常的压力之下。

而且 3~4 年级的孩子自我意识还没有完善，对于成人的所谓宏大理想暂时没有办法完全理解。妈妈更应根据孩子的兴趣爱好和个性特点，站在孩子的角度帮助他树立理想，而不是一味地灌输成人世界的价值观，这对孩子的成长是非常不利的。

同时，妈妈也不要将孩子当成实现自己理想的工具，否则只会适得其反，不仅会伤害到孩子，而且还会让孩子对学习、生活失去自信心和进取心。对此，给妈妈们提出以下几点建议：

方法一：妈妈要克服从众心理

妈妈的期望在孩子的成长中起着至关重要的作用，因为这种期望能够对孩子起到激励作用并形成孩子学习的动力。妈妈在为孩子设定期望值时，应该符合孩子的特点，克服从众心理。俗话说："十个指头不一般齐"，人与人之间肯定存在一定的差异。但是很多妈妈往往忘记了这一常理而喜欢"随大流"，用他人的行为确立对自己孩子的期望值。

方法二：妈妈的期望值要取得孩子的认同

很多妈妈认为孩子应服从妈妈，孩子的事就应由妈妈决定，因而经常将自己的期望强加在孩子身上。事实上，妈妈的任何期望只有取得孩子的认同，才能转化为孩子的实际行动。

方法三：成绩不是孩子学习的最终目的

大多数妈妈总是把成绩视为衡量孩子学习好坏的标准。常听到有些妈妈说，只要孩子成绩好，我就放心了。其实妈妈应该清楚，学习成绩只是孩子素质中的一个重要部分而已，除此之外，孩子的道德品质、文化修养和交际能力都是十分重要的。

首先，如果妈妈过度关注孩子的学习成绩，只会疏于对孩子学习能力的培养和引导。事实上，孩子学习的最终目的是掌握学习方法，并学以致用。英语试卷拿满分的孩子并不能说明他的英语水平就很高，具有很好的英语交流能力才是学习的关键。事实也证明，那些拿高分的孩子如果不会学以致用，最终只会成为书呆子。

其次，妈妈过度关注孩子的学习成绩，还会导致对孩子其他方面，比如道德品质的忽视，这对孩子的身心发展是极其不利的。其实，孩子在 3~4 年级的时候，妈妈最应该做的就是培养孩子良好的学习习惯和方法，有了这些，成绩自然会提高。

方法四：适当放低自己的期望值，不要急于求成

很多妈妈在教育孩子的时候往往急于求成，总是希望自己的教育能起到立竿见影的效果。心理学上有这样一种现象：期望越高，失望也就越大。可以想象，妈妈努力了，孩子也在成绩上有了一定的提高，但妈妈仍然觉得孩子的进步不大，这样孩子的自信心就会受到打击。

3~4 年级的孩子最需要大人的鼓励和赞扬，一句赞赏的话往往会让他们产生强烈的成就感，他们也会为了得到更多的赞扬而继续努力。

只要孩子有主动学习的意愿，他们的学习成绩就会提高。所以妈妈们应该把期望值放低点，慢慢来，毕竟孩子学习成绩的提高是一个循序渐进的过程。

积极暗示——3~4 年级的孩子更需要荣誉感

生活中，有些妈妈在聊起自己的孩子时常常会语气低沉地说："我的孩子不行，学不会。""我的孩子怎么能和你的孩子比呢？脑子不好用。""唉，脑子笨有什么办法？""我家孩子不是学习的料。"等等，仔细想想，世界上可能没有比这更伤孩子心的话了，特别是这种话是从自己妈妈口中说出的。而孩子经常听到这些话不仅在学习上会过早地失去信心，甚至还会产生强烈的仇视情绪，影响其世界观和人生观的正确形成。

两位朋友聊天时，其中一位说："我说你家儿子是越来越俊了！"孩子听见了，忽然说："阿姨，我的头太大、眼睛太小，不好看！"孩子的话让大人大吃一惊。一问才知道，原来平时他妈妈经常说儿子头大、眼睛小，总是嫌儿子长得难看。孩子听多了，对自己的外貌越来越自卑，所以平时总是低着头走路，不想让别人看见自己的脸，久而久之都有些驼背了。

其实这个孩子的容貌并不难看，但是妈妈平时消极的评价常让他备受打击，不仅自信心受损，还影响了身体的健康发育。其实，不仅生活上，在学习上，妈妈的消极暗示对孩子也有着不良影响。

还有一个例子，这位妈妈也经常给孩子消极的暗示，导致孩子变得过分娇气。

　　小坤生病了，每天都要打针吃药，大概持续了二十多天。妈妈知道这孩子从小就害怕打针，这次更是格外担心他受不住。看着孩子痛苦的表情，妈妈心疼得都想掉眼泪。

　　为了照顾好生病的儿子，妈妈忙得团团转，一会儿嫌医院的床太硬，于是从家里拿来鸭绒被给儿子铺在病床上，一会儿又嫌医院的饭菜不好吃，于是在家煲好汤送过来。妈妈一个人照顾不过来，又让爸爸也请假。孩子明明三天就可以出院，但妈妈坚持让孩子再住一个星期。就连医院的很多医护人员都认为这位妈妈对孩子太娇惯了，但妈妈却认为自己是出于关心孩子，爱孩子。她根本不听别人的劝阻，对小坤的任何要求都言听计从。结果病好之后，小坤就好像变了一个人似的，脾气比平时更大，也更娇气了。

　　本来好好的孩子，为什么生了一场病就脾气大变了呢？原因就在于生病期间家人给予了他过多消极的暗示。如果孩子生病，妈妈过于兴师动众，只会让孩子觉得：我是全家的中心，我生病是件了不起的大事，所以全家人都得围着我转。

　　对待这件事，妈妈应该保持一颗平常心，给予孩子积极的暗示，把担忧、焦虑、心疼的情感藏在心里，尽量不要在孩子面前表露出来。

　　跟孩子聊天时，妈妈最好用积极乐观的情绪感染孩子："妈妈像你这么大的时候也得过和你一样的病，妈妈也怕打针，不过妈妈知道疼过之后才会打败病菌坏蛋，才能健健康康……"孩子在妈妈积极乐观态度的暗示下，也会领悟到：每个人都有可能会生病，病了就要积极面对和治疗。

　　对于这个年龄段的孩子来说，积极的暗示就像点燃他们生命和智慧的火把，可以把平淡的生活照亮，把无目的的漫游变成有理想的追求。孩子从这些暗示中，也可以看见未来的曙光，各种阻碍他们心智发展的阴影自然也会被消除掉。因此积极的暗示，特别是来自妈妈的积极暗示，更会对孩子的心理和心智产生良好的影响。

　　一位事业有成的男士在回忆他的母亲时曾这样说过：

　　　　记得我小的时候，妈妈从不对我的学习提出任何建议，虽然她一个字也不认识，但她对我的成长却有着很深的影响。

　　　　几乎从我记事以来，她总能不断地发现我身上的一些特别的东西，并总是大加赞赏。比如，"这孩子太不一般了，他看一样东西总是目不转睛。""看看，我们的孩子，他的精力多足，总是手脚不停。""哎呀，这孩子哭起来像打雷一样，太神奇

了。""这孩子真不简单，吃这么苦的药，一声不吭。""他的力
气真大，这么重的东西都能拿得起。"如此种种。几乎所有孩子
都有的表现，我的妈妈也会本能地把它描述成自己孩子不凡的
天赋。

等到我大一些的时候，她仍然会给予我这样的赞许："你
看我们家孩子就是脑瓜好用，天生就这样，以后肯定能考上好
大学……"

这位母亲对孩子的这种暗示完全出于妈妈的本能和对孩子的爱，可
以说这种称赞本身毫无夸张和虚饰，能够让孩子认为自己确实很出色。
于是，孩子在潜移默化中表现越来越出色。

这种来自妈妈的暗示，肯定会对孩子的心理和心智发展产生积极的
影响。积极暗示法就是通过妈妈的语言、动作、表情、行为榜样等手段
和方法，给孩子以正面的影响和激励，让孩子在潜移默化和不知不觉中
受到教育。这里有几点建议，希望对妈妈的积极暗示能够有所帮助：

方法一：积极暗示孩子时，应该带着真挚的情感

很多妈妈在对孩子进行积极暗示时，往往过于敷衍了事，夸奖孩子
总是那几句话，例如"很好""很棒""真不错"等。这样不但起不到积
极暗示的作用，有时还可能会适得其反，激起孩子的逆反心理。

其实3~4年级的孩子并不像很多妈妈想象的那样，认为他们还是个
小孩子，很好哄，事实上他们完全能够听出妈妈的暗示是真诚的，还是
虚假的。所以，妈妈平时在对孩子进行积极暗示时，一定要有真情实感，
因为只有来自妈妈真挚的爱才能真正地让孩子受益、受用。

比如，孩子独立完成一件事时，可以给予孩子赞赏、肯定的眼神，让孩子体会到成功的愉悦；孩子遇到挫折时，给予孩子鼓励、安慰、爱抚的目光，让孩子感受到勇气和力量。这些饱含情感和爱的积极暗示，比宽泛、空洞的暗示更能起到激励孩子的作用，从而对孩子产生深远的影响。同时，妈妈在教育孩子时，也要晓之以理，通过讲故事、做游戏、角色体验等方式点拨、启发孩子。

方法二：对孩子积极暗示时，要能引起孩子身心的愉悦

妈妈对孩子进行积极暗示时，一定要避免指责性的话语，比如孩子做错事的时候，妈妈可以这样说："我相信你下次会做得更好。""你一直是我最欣赏的孩子。""我相信你是最棒的，不是吗？"这些话看似平常，但却像润物无声的细雨，悄悄地滋润着孩子稚嫩的心灵，对于培养孩子的举止规范、良好品行以及行为习惯都具有很重要的意义。

方法三：给孩子积极暗示时，一定要谨言慎行

有时候妈妈的消极暗示可能是无意识的，但孩子会牢牢地记在心里。有的妈妈看到孩子做错题，就会皱眉；有的妈妈平时就脾气急躁，孩子调皮捣蛋起来，忍不住就会摔东西。所以，孩子看见妈妈这样的举止，心里马上就会紧张起来。

相反，妈妈良好的行为举止则会在无形中暗示孩子正确的道德行为规范。所以，妈妈在对孩子进行积极暗示时，一定要注意自己的言行，给孩子做出良好的示范，避免伤害到孩子的幼小心灵。

方法四：适当在众人面前积极暗示孩子

明哲最大的缺点就是挑食，平时最喜欢吃素菜，很多时候他宁愿泡白米饭或泡汤都不吃荤菜。读四年级后，妈妈担心他营养不良，影响到学习成绩，很想让明哲慢慢接受荤菜。

有一天，在家庭聚餐的饭桌上，妈妈把明哲不爱吃的荤菜都从碗里挑了出来，然后对朋友说："我家孩子就是不爱吃荤菜，真不知道拿他怎么办好！"朋友给明哲妈妈提了一个建议：让她采取积极暗示的方法，比如在众人面前说："我家孩子原来不爱吃荤菜，现在能够吃一些了，他知道荤菜是很有营养的，不吃对身体不好！"这样孩子受到鼓励，就会努力做好了。

于是，这位妈妈经常在饭桌上夸赞自己的孩子不挑食。孩子听了妈妈的"夸奖"果然来了精神，没过多久，就能大口大口地吃荤菜了。

由此可以看出，积极的暗示能够激励孩子做本来不愿意做的事情。就像明哲，虽然他没有意识到吃荤菜有多重要，但是他清楚，如果吃了荤菜，就能受到妈妈和家人的表扬，本来不愿意吃荤菜的他，结果却吃了很多。

孩子的虚荣心也很强，也希望在众人面前被夸赞，也许你平时苦口婆心也不管用的话，一到人多时反而奏效。当着众人的面夸赞孩子，孩子往往能乖乖地去做。因此，妈妈完全可以利用孩子的这一心理，给予积极的暗示，以获得更好的引导效果。

从"要我学"到"我要学"——需要妈妈巧妙地引导

著名教育家叶圣陶先生曾讲过这样一堂生动的课：他准备了一只活蹦乱跳的大公鸡，在讲台上放了一些米，然后按着公鸡的头，让公鸡吃米，结果公鸡躲躲闪闪怎么都不吃。后来，叶先生把公鸡放了，走到一旁不再理公鸡，公鸡马上走到那堆米旁边，开始尽情地吃了起来。

叶先生说："我们的教育就像喂这只公鸡。按着孩子，让孩子被动学习不会有好的效果。我们要调动孩子的积极性，让孩子主动学习才行。"不仅是学校教育经常犯逼迫孩子学习的错误，其实在家庭教育中，"逼"孩子学习的现象更为普遍。

很多妈妈总是认为孩子年龄小，自制力比较差，也没有养成良好的学习习惯，因此必须不断提醒和引导他们才行。于是，她们不厌其烦地对孩子进行"说教"，而且坚持认为越严厉越好，这样孩子才能长记性；还有的妈妈认为如果孩子在小时候就能认识到学习的重要性，那么以后就会积极主动地学习。

其实，这些妈妈对待孩子就像是想让大公鸡吃米而不停地按着公鸡的头，公鸡尚且不受逼迫，受逼迫的孩子又怎么可能乖乖听话而因此去吃"学习"这粒"米"呢？在孩子3~4年级的时候，妈妈一定要把"要我学"的教育观念转变为"我要学"。

首先，前者是被动、消极地学习，不仅浪费妈妈的时间和精力，也会让孩子感到疲惫和厌烦，学习效果自然不会很好；而后者则是积极、主动地学习，这种学习方式是建立在妈妈对孩子信任的基础上，以孩子的进取心和自信心为动力，自觉、主动地去学习，这样的学习将是快乐的学习、轻松的学习，学习效果也会很明显。

其次，学习不主动、拖沓是 3~4 年级孩子非常普遍的一个现象。孩子只有主动学习，才能有意识地吸取知识。相反，如果孩子总是被妈妈逼着学习，孩子也会心不在焉，"左耳朵进，右耳朵出"。而只会支配孩子学习，不能引导和启发孩子主动学习的妈妈更不是一位合格的妈妈。

再次，相比 1~2 年级时候，3~4 年级的课程无论是从难度上还是从内容上，都有了很大的增加和延伸，不会学习的孩子往往疲于应付各项科目，将学习看作沉重的负担；相反，善于主动学习的孩子因为找到了适合自己的学习方法，所以不仅学得轻松，而且还能取得优异的成绩。

如果妈妈望子成龙心切就采取强制的方法支配孩子的学习，只会挫伤孩子学习的积极性和主动性，让孩子产生逆反心理。即使孩子在妈妈的监督下学习成绩不错，也会慢慢习惯于依赖式的学习，很难保持一个好成绩。

因此，妈妈应该把学习的主动权还给孩子，调动孩子的学习激情，让他们动口、动脑和动手，这样不仅可以提高孩子学习的效率，还能培养他们独立解决问题的能力。当然，孩子由被动到主动学习，需要一个过程，而且更需要大人的耐心引导，以下就是几点建议：

方法一：用赏识促进孩子主动学习

学会自主学习，既能使孩子走上成才的道路，又能减轻妈妈的负担，这是两全其美的事情。孩子在学习的过程中，成功的体验极其重要。孩子有了成功的体验，会把寻求这种愉悦感化为自己的习惯，所以妈妈要创造机会给予孩子鼓励和肯定，让孩子体会到自主学习的乐趣。关于这一点，一位母亲的做法就十分值得各位妈妈借鉴和学习：

儿子上四年级时，在全年级考试中排名第九，在四百多人中能取得这样的成绩，不自夸地说，这和我从小对他的教育是分不开的。他上一年级的时候，我就非常重视对他的引导，除了为儿子提供宽松的学习环境，还经常带他去图书馆，并适时地引导、启发，使他在强烈好奇心的驱使下，自觉、主动地学习新的知识。

我从来都不会强迫儿子必须去学什么，更不会监督孩子，只在恰当的时候，给予他指导性的意见，让他顺其自然地发展。即使在他生病的那段时间，我也不过多地过问他的学习情况，而只是给予他一个妈妈最温暖的关怀和信任。在这样的成长环境中，当儿子的主观能动性得到了极大的发挥，自然便能取得好的成绩了。

从这一案例可以看出，妈妈在孩子自主学习之后给予及时的夸奖和鼓励，赏识孩子的每一点进步，可以让孩子受益匪浅。比如孩子独立完成了家庭作业，预习和复习了课本，妈妈要积极地给予肯定，这样孩子在妈妈的赞赏下才会更加主动地学习。

方法二：唤醒孩子自主学习的意识

当孩子总是被动学习的时候，妈妈可能也很无奈，于是动不动就训斥孩子，甚至是打骂孩子。实际上，这只会让事情"雪上加霜"，反而让母子关系出现隔阂。为此，妈妈要有意识地唤醒孩子自主学习的意识，而不是一味地把责任推到孩子的身上。

　　一个周末的下午，晶晶妈妈加班回来，一进门就看见晶晶在书桌前边做题边玩手机。妈妈只是看了晶晶一眼，没有说什么就走进厨房做饭了。

　　晶晶本来以为妈妈会像以前一样唠叨自己几句，不让自己玩手机，没想到妈妈对自己一边做题一边玩手机的做法一点儿也没有生气。晶晶有点庆幸，继续玩了一会儿手机。

　　但是，几分钟后，晶晶突然有些纳闷，她想知道妈妈为什么突然不管自己了。

　　"妈妈，我们下周就要期中考试了。"晶晶大声地对正在厨房煮饭的妈妈说。

　　"嗯，知道了。"妈妈一边切菜一边说。

　　晶晶听了妈妈十分平淡的回答，更纳闷了，以前妈妈都会"要求"一下自己，并唠叨几句，让自己好好复习，好好答题，今天这是怎么了。

　　晶晶的心思完全不在手机上，小心翼翼地来到厨房："妈妈，你今天怎么了，你不会不想管我了吧！"晶晶的声音中带点哭腔。

　　妈妈转身看着晶晶，平静地对她说："那天我跟你说过了，你现在已经长大了，上4年级了，我不想再督促你学习。你愿意学，还是不愿意学，这都是你自己的事情，由你自己来决定。如果你认为你还没有复习好，那就应该好好复习；如果你认为你已经复习好了，那我就不用担心了。"

晶晶本来告诉妈妈要考试了，是因为感觉自己还没有复习好，怕到时候成绩不好惹妈妈生气，现在提前告诉妈妈，就是想和妈妈讲讲条件。但晶晶听了妈妈这段话后，忽然觉得妈妈说得很有理，学习是自己的事情，要想取得好成绩，实现自己的梦想，就必须主动学习，不能再依靠妈妈了。于是晶晶什么也没有说，走出厨房，直接来到书桌前继续做题。妈妈看着晶晶，会心地笑了。

主动学习就是不用别人提醒和催促，在自身思想意识的引导下，自觉、主动、圆满地完成学习任务。其实每个孩子在学习上都具有一定的自觉意识，只是有时候这种意识并不能及时出现，这就需要妈妈给予积极的引导，激发起孩子的这种意识。

晶晶在妈妈的正面引导下，意识到自己应该主动学习，倘若她在以后的学习活动中，严格要求自己，养成良好的学习习惯，她的成绩一定会取得很大的进步。

可以说，世界上任何一个取得成功的孩子都不是靠妈妈的强制逼迫培养出来的。在唤醒孩子自主学习的意识时，建议妈妈要培养孩子学习时不依赖他人，不受他人的控制和干涉，自主判断，自主学习的习惯。并且在这一过程中，要重视培养孩子的主动性、自信心、自律性和责任感，这才是自主学习能力的关键。而且妈妈还要教育孩子学会支配自己的学习时间，自主完成预习、听课、作业和复习这四个完整的学习步骤，这样才能养成良好的学习习惯。

方法三：避免孩子滋生依赖心理

有很多妈妈在孩子刚入学的时候，因为担心孩子听不懂课，不会做作业，于是经常坐在孩子身边，看着孩子做完作业才算放心。当孩子不会做某些题时，有的妈妈甚至还会代劳，久而久之，孩子就会养成依赖心理，变得被动接受学习。

其实，妈妈的这种心态是可以理解的，但是孩子终究要学会自己长大，妈妈不可能每天都守在孩子身边，如果孩子产生了依赖心理，他们就会进入被动学习的状态。因此，建议妈妈从孩子小时候起，就要学会适度放手，让孩子学会独立完成作业，避免滋生出对妈妈的依赖心理。

方法四：多鼓励孩子，信任孩子

应该说，每个孩子都有巨大的潜能，而孩子的潜能能否最大限度地激发出来，往往在于妈妈的引导和启发。妈妈要想真正把孩子强烈的求知欲激发出来，就要把学习的主动权还给孩子，首先要相信孩子有能力学好，当接收到妈妈的这种心理暗示时，他们自然会受到鼓舞。

在相信孩子的同时，妈妈也要和孩子建立起民主、平等的亲子关系，日常生活中要经常鼓励孩子，让他们对自己进行积极的评价，促进其建立起自信，这样孩子才会对自己充满信心，学习起来就会劲头十足。

第五章

语、数、外——引导孩子做学习上的"全能王"

很多孩子之所以一提学习就万分苦恼，往往是因为没有找到正确的学习方法。要知道，正确的学习方法就像是一座桥，是帮助孩子走向学业成功的关键。为此，妈妈要注意引导孩子找到最适合自己的学习方法。很多时候只要妈妈的教育观念和方法改一改，学习完全可以成为一件轻松的事。

3~4年级，让孩子学会学习比学会知识更重要

经常听到有些妈妈抱怨说孩子平时不喜欢学习，也不主动学习，为此不得不送孩子去各种各样的补习班或特长班。刚开始的时候，孩子也愿意去，但不久就不感兴趣了。其实，这种"由兴趣高涨迅即转变为兴趣索然"的现象在八九岁左右孩子的身上非常普遍。

一位妈妈在谈到她的儿子时说，她的孩子现在上 4 年级，再过两年就要考初中。一直以来，这位妈妈对孩子的学习状况都非常担忧，总感觉孩子能考上县里的中学就算万幸。这位妈妈说，孩子以前学习一直很好，但是到了 4 年级的时候，有两次考试没考好，成绩一下子就掉下来了。不仅如此，从那时候开始，孩子和她之间的交流也变得少了，逆反情绪特别强，好像变了一个人似的。

这位妈妈感到非常困惑，不明白为什么会这样。实际上，这是 3~4 年级孩子普遍存在的一个现象。3~4 年级是一个非常特殊的年龄段，孩子的变化也非常大。首先，相比 1~2 年级，3~4 年级的学习难度提高了，同学之间的差距也越来越明显。原来，孩子学习再差也能考八九十分，可是到了 3~4 年级，有的孩子却常常考试不及格。

其实，妈妈感觉孩子以前成绩不错，这实际上是一些假象，孩子在学习方法上已经出现了问题，只是没有暴露出来而已。与其说是因为学习难度提高了才导致孩子学习成绩下降，倒不如说是不会学习才让孩子的学习成绩出现下滑。

在很多妈妈眼里，知识远比学习能力重要得多。学习知识固然重要，但是为什么面对同样繁重的学习任务，有些孩子能轻松应对，而有些孩子就做不到呢？根本原因只有一个，就是孩子是否具备比别人更强的学习能力。

学习能力一般包括两个方面：一个是学习动机，也就是看孩子有没有自己的学习目标，能不能清楚地知道自己为什么而学习，有没有"我想学"的激情；另一个是学习方法，就是孩子懂不懂得管理学习目标，能不能合理规划学习时间，会不会给自己树立信心，能不能正确应对学习过程中的挫折和困难等。所谓磨刀不误砍柴工，有好的学习方法才能更好地学习，否则孩子在学习上永远都是被动的。就像种庄稼，当你的庄稼长得不好时，你不能去怪庄稼，而是要看自己种庄稼的方法有什么不对。教育孩子也是这样，妈妈应重视孩子的学习方法，不要急功近利地只灌输知识，不重方法。

想要孩子学习好，最关键的是培养孩子学习的能力。那么，怎样做才能帮助孩子学会学习呢？以下几点建议就非常关键：

方法一：帮助孩子"种植"学习的热情

对于未知世界，很多孩子受好奇心的趋使经常有很多疑问。然而，这些千奇百怪的问题又常常让妈妈难以回答。比如"天为什么不会掉下来？""人为什么有两只眼睛？"等。结果妈妈很容易随口说一句"长大了再告诉你"或者"妈妈也不懂，你就别问了"等话来敷衍了事。

如果孩子一再追问，妈妈又缺乏耐心的话，往往会表现得非常不耐烦，讲话语气也变得不再温和，甚至还会责备孩子。当孩子经历了一两次这种挫折之后，很有可能就会不再提问，甚至把求知的渴望封闭起来。然而，孩子的求知欲一旦被封闭，他们在学习时就会越来越被动。

其实面对孩子的问题，妈妈不管懂不懂，都应首先对孩子善于提问的行为给予肯定和热情的评价。然后再和孩子一起查找资料，积极帮助他们找到问题的解决办法。

方法二：培养孩子养成良好的思维习惯

帮助孩子解答学习中遇到的所有难题，这不是妈妈的责任，也不是妈妈力所能及的。但是启发孩子思考，培养孩子养成良好的思维习惯，帮助孩子掌握学习方法却是妈妈应尽力而为的事。

为此妈妈要经常开导孩子勤思考，引导孩子从"是什么""为什么"和"怎样做"这些角度思考问题。因为这种思考方式能帮助孩子不但"知其然"而且能"知其所以然"。通常，勤于思考并且善于思考的孩子，总能逐步掌握适合自己的一套学习方法。掌握了良好的学习方法，孩子的学习才会游刃有余，而不再是难事。

方法三：让孩子学会多借鉴、多总结

每个孩子在其学习的过程中，不可避免地会遭遇到一些困难，区别只在于有的孩子具有乐观、积极的态度，以及非常强的观察思考能力和归纳总结能力，善于从他人身上吸取经验和方法，而有的孩子则不具备这样的能力。天才毕竟是少之又少，绝大部分的孩子必须通过教育来获得这种学习能力。对此，妈妈可以在日常生活中注意培养孩子的这些能力，提高孩子的学习能力，从而轻松完全学习任务。

语文——让孩子提高学习兴趣是关键

语文不仅仅是一门学科，也是培养思维能力的一种工具。因此，学习语文不仅仅是为了更好地进行语言交流，也是为了培养孩子的思维和思考能力。

3~4 年级是孩子的思维方式由形象思维向抽象逻辑思维转变的过渡期，无论是孩子心理发展还是学习习惯养成等方面，3~4 年级在小学阶段

都起着承上启下的作用。而且这一阶段语文学习的内容开始由词句向篇章过渡，这与此阶段孩子的思维特点也是相适应的。

有些妈妈会发现，3~4 年级的孩子在语文学习上往往会出现这样一种现象：二年级时语文成绩不错的孩子，升入三年级后成绩有可能明显下降。一般来说，低年级孩子的语文测验成绩大多在 95 分以上，满分的情况也很常见，但是到了三年级以后，很多孩子的成绩一下子下降到 80 分左右，甚至还会出现不及格的现象。那么，究竟是什么原因导致 3~4 年级孩子的语文成绩和低年级时相比差距这么大呢？

首先是小学语文教学内容发生了变化。低年级语文学习的主要内容是识字写字，测验时也以字、词、句的考核为主，主要考查学生对字、词的掌握情况，只要学生能够记住平时学习的字词，一般都能取得好成绩。但是升入 3 年级以后，语文学习无论是从知识的深度，还是从学习内容的广度上，都远远高于低年级，学习的难度明显跨上了一个新台阶。而且 3~4 年级的语文考核内容以段落为主，除了考查学生对字、词、句的掌握情况以外，还要考查学生对词句的理解和运用能力。这样一来，一部分语文综合能力比较弱的孩子，其成绩就不可避免地会下降。

其次，汉字的笔画繁多，字形复杂，同音字和形近字太多，非常容易让人张冠李戴。孩子进入 3~4 年级后，随着识字量的增加和写作能力要求的提高，孩子在造句、答题、写作时，很容易出现错别字，这也是造成孩子语文成绩下降的一个重要原因。

再次，孩子进入三年级后，在生理、心理方面也会发生一定的变化，开始逐步形成一定的爱好，比如，有的孩子喜欢语文，有的孩子喜欢数学，有的孩子则喜欢音乐、运动等。于是，我们经常会看到许多孩子到了三年级后会明显地萌发各种兴趣，偏爱某个学科。

为了避免孩子出现语文学习成绩滑坡的现象，妈妈可以从以下几方面入手，帮助孩子跨上学习的新台阶：

方法一：让孩子学会积累字词和语句

如果说语文学习是建房子，那么词汇和语句就是水泥和砖头。要想学好语文，积累足够的字词和词句必不可少。然而，字词的积累是一个长期的过程，所以妈妈平时就要有意识地引导孩子。比如孩子看电视的时候，若是听到好的语句，妈妈可以带着孩子重复念几遍；在孩子阅读各种书籍、报刊、画册的时候，遇到好的句子、词语，就鼓励孩子记录下来；平时和孩子一起做一些积累词汇的游戏，如成语接龙、古诗词接龙、造句比赛等，都可以激发孩子学习语言的兴趣，丰富孩子的词汇量。

这里需要妈妈注意的是，在帮助孩子积累词汇的过程中，一定要将这一过程进行得尽量轻松一些，千万不要让孩子觉得这是一项枯燥的任务。平时也要将各种词汇放到语境中，不要让孩子养成死记硬背的习惯。比如说，孩子学习某个成语的时候，可以先跟孩子讲讲成语的典故，然后再告诉孩子这个成语现在的意思是什么，最后塑造一个情境，告诉孩子在这种情境下就可以使用这个成语。

方法二：培养孩子的阅读能力

阅读能力是语文学习能力中的一种重要能力，对于3~4年级的孩子来说，他们的语文学习开始慢慢踏入脱盲阶段，更侧重于阅读思维训练。因为如果孩子阅读理解的能力不足，就很难领悟到所学知识的精华，因而阅读能力是学习能力的重要方面。因此，妈妈应该根据这一时期孩子的心理和生理特点积极培养他们的阅读兴趣，提高其阅读能力。

妈妈在培养孩子阅读能力的过程中，注意不要对孩子的阅读方式管得太死，不可过早地限定孩子的阅读范围和阅读内容，而应把阅读选择的权利交给孩子自己，尽可能地为孩子提供轻松自由的阅读环境。同时妈妈还应抽出时间和孩子一起看书，做孩子的阅读榜样，并且经常与孩子交流读书的方法和心得，鼓励孩子把书中的故事情节或具体内容复述出来，把自己的看法和观点讲出来。

方法三：培养孩子的听说能力

听和说是一个人非常重要的两种能力，也是学好语文的前提条件。能够认真倾听的人可以获得比别人更多的信息，而表达能力较强的人能够更好地表达自己的观点。为此，妈妈可以结合孩子的语文学习，同步提高孩子的听说能力。

培养孩子倾听的能力，首先需要妈妈了解孩子的学习兴趣以及对孩子有吸引力的学习内容，其次要有意识地讲给孩子听。比如给孩子讲故事、讲科学知识、讲自然界的一些奥秘，以勾起孩子倾听的兴趣。

为了更好地培养孩子说的能力，妈妈在日常生活中要多鼓励孩子说话，给孩子创造说的机会，培养孩子的自信心。当孩子说得不清楚时，妈妈可以和孩子一起整理思路，让孩子重新组织语言，再说一次。需要强调的是，在孩子说话时，妈妈不要打断孩子的发言，更不要批评甚至指责孩子，以免孩子产生胆怯心理，不愿意表达自己的想法。当孩子读书或看电视有了新的感受时，妈妈要及时鼓励孩子与自己分享这些感受，让孩子大胆与人交流。这样做，时间长了，孩子说的能力自然会有明显的提高。

方法四："五多训练法"，让孩子的作文水平快速提高

对于孩子写作能力的培养，妈妈首先要做的就是培养孩子写作的兴趣，这一点非常重要。当孩子对写作产生了浓厚的兴趣之后，妈妈可以使用一些有效的学习方法，锻炼孩子的写作技巧。比如对于作文训练，妈妈可以采用普遍推行的"五多训练法"，引导孩子写作。

1. 多看和多说：看和说是语文学习的前提，对于 3~4 年级的孩子来说，作文常常要求孩子将自己看到的事物描述出来，就像情景再现一样。因此，妈妈要有意识地锻炼孩子认真看和清晰说的能力。比如妈妈可以以提问的方式，培养孩子的观察和描述习惯。举个例子：妈妈带孩子去参观博物馆，看到一个模型，可以问问孩子："这个模型有多大啊？""这个模型是什么颜色的呢？""这个模型像什么？""什么样的人喜欢这个模型？""模型的形状像什么？"等等，激发孩子的观察力与表达力，让孩子逐渐养成正确的观察和说话的方法。

2. 多写：一项调查研究发现，任何天才都是训练超过 10 万小时的人。其实不管做任何事情，都是一个熟能生巧的过程，写作也不例外。为此妈妈平时要帮助孩子养成记录的习惯，鼓励孩子将自己遇到的、听到的、看到的或者心里的感受、情感、观点写出来，哪怕只是寥寥的几句话，也能让孩子在记录中学会遣词造句。

3. 多想：好的作文，不但要有生动的描述，还要表达一定的思想。虽然对于 3~4 年级的孩子来说，思想尚不成熟，观点往往也有些幼稚、青涩，但是妈妈仍要鼓励孩子大胆地去想，这样不但能够提高孩子的写

作水平，对孩子未来的成长也非常有利。

4. 多改：孩子写好作文之后，妈妈可以和孩子一起修改作文，在修改的过程中，要多鼓励、少责备，增强孩子的自信心，以后写作时也能更得心用手，越写越好。

数学——让孩子迅速掌握学好数学的核心方法

数学是一门实践性非常强的学科，不但具有广泛的应用性，更重要的是，数学对于孩子思维的锻炼具有很重要的作用。3~4 年级正处在低年级向高年级的过渡时期，这一年龄段的孩子，其抽象思维能力开始快速发展。根据这一变化，数学课开始涉及分数、面积、进率等比较复杂的问题，以锻炼学生的概括、对比和分类等抽象思维能力。

同时，3~4 年级的数学学习对孩子的数学思想要求提升了一个档次：要求孩子能够用数学的思想去解决、解释和表达事物的数量关系、空间概念；用数学工具解决具体的问题，并有一定的抽象思考能力。

这些教学内容上的变化要求孩子对于数学的学习方法和习惯要做一些同步的调整。小学 1~2 年级那种采用反复练习、死板记忆的方法已经行不通了，这个年龄段的孩子需要掌握一些数学技巧，真正地理解数学思想，才能学好数学。

首先，妈妈要帮助孩子尽快适应新的数学教学要求，主要帮助孩子养成三个数学学习习惯，即：课前预习和课后复习的习惯、思考和分析数学问题的习惯、以数学思维解决数学问题的习惯。升入 3~4 年级之后，由于数学学习的难度明显增加，很多孩子一下子难以适应，数学成绩下降很快，很大程度上都是因为妈妈没有及时引导孩子学会正确的数学学习方法和养成良好的数学学习习惯造成的。如果没有正确引导，孩子在数学学习上遇到过多困难，从而打击其数学学习的自信心，就有可能对数学学习产生恐惧、逃避心理，这对日后的学习将产生很严重的影响。

其次，兴趣是最好的老师。对于 3~4 年级的孩子而言，妈妈在启发其数学兴趣的时候可以结合 3~4 年级数学教学的特点和日常生活中的现象，给孩子出一些题目，让他们利用数学思维解决实际生活问题。这样做不但能够帮助孩子对数学概念产生更深刻的理解，还可以使其通过解决问题获得成就感，认识到数学的实际用处，由此加深对数学的兴趣。例如，带孩子出去散步，可以启发孩子利用步长估算公共绿地的面积；认识各种建筑中包含的几何图形；跟孩子一起搭积木的时候，让孩子利用不同的摆放方法理解各种图形的特点；买菜的时候让孩子帮忙计算各种面值的货币之间转换的方法等，都不失为培养孩子数学思维的好方法。下面这位丹丹妈妈的做法，就值得我们学习。

丹丹的妈妈非常注重对孩子数学兴趣的培养，每天丹丹放学之后，她都会故意出一些数学题目来考丹丹。

"哎呀，丹丹，快来帮妈妈算算这月我能发多少加班费啊，我第一个星期发了 100 元，然后我又加了 2 个星期班，一共可以领多少钱啊？"

"丹丹，咱们家的油连瓶子一共重 1000 克，每天妈妈炒菜都要用 50 克，用了一星期后，还剩下 600 克，那这油瓶子究竟有多重呢？"

丹丹妈妈通过利用生活中常见的情景给丹丹出数学问题的

方式极大地调动了丹丹的积极性，每次解完题目之后，丹丹都会觉得自己很厉害，能帮妈妈的忙了，而且在这一过程中，丹丹对数学的兴趣也大大提高，数学成绩自然非常优秀。

由此可见，妈妈在引导孩子的过程中激发孩子学习的兴趣非常重要。除此之外，还有哪些具体的学习方法可以帮助孩子掌握数学学习的奥妙，从而提高数学成绩呢？

方法一：讲究练习方法，不要盲目搞"题海战术"

毋庸置疑，要想提高数学成绩，多做练习是必不可少的。但数学学习并非是买上几本教辅资料，不断地做题就可以解决的。这种"题海战术"对于3~4年级的数学学习效果并不大，而且结果也可能会事倍功半。因此，妈妈要讲究方法，不要让孩子盲目做题，而是让孩子有目的地去学习和做题，并且在平时养成良好的解题习惯，让自己的精力高度集中，这样才能够进入最佳的学习状态，在考试中做到运用自如。

而且实践也证明：孩子在关键时候所表现出的解题状态与平时练习时形成的习惯关系很大。如果孩子在平时解题时就粗心大意、心不在焉，那么往往在考试时也会暴露这些缺点，所以在平时就要让孩子养成良好的解题习惯。为此妈妈要给孩子一个安静、专注的环境，并根据孩子的实际情况选择不同类型的题目让孩子来做。在此过程中，妈妈从一开始就要引导孩子"知其然，更要知其所以然"，当孩子逐渐养成用数学思维解决问题的习惯，自然能做到举一反三，而且无论学什么都能融会贯通。

方法二：重视数学作业的练习

作业是对课堂知识的巩固、加深和运用，从而让孩子理解知识，锻炼解题的技能。对于数学学科而言，数学作业是最能体现孩子数学知识掌握程度的方式，所以妈妈要重视孩子数学作业的练习。在平时，妈妈要多提醒孩子重视数学作业，并让孩子养成独立完成作业的习惯。当发现孩子作业中存在问题、困难或做错的题目较多时，妈妈应及时提醒孩子，并与孩子一起查明原因。这样及时让孩子查漏补缺，就能加深孩子对数学知识的印象与理解。

除此之外，妈妈在平时还要引导孩子养成正确写作业的习惯。在做作业之前，先让孩子对所学的内容加以复习，在理解与掌握所学内容之后再做作业。解题时要按一定的程序、步骤进行。要让孩子认真读题、弄清题意，如哪些是已知条件，哪些是未知条件，题中涉及哪些运算，它们相互之间是怎样联系的，能否用图表示出来等等，这样详加分析，有助于孩子理清思路，解决问题。当孩子做作业遇到难题时，妈妈要启发孩子回忆与之有关的知识和解决方法，从学过的例题等方面找到问题的答案，达到举一反三的目的。妈妈们千万要记住，不要总是帮助孩子做题，这样不利于孩子理解、解决问题，下次再遇到同类问题时可能依然不会解答，从而越来越跟不上进度。另外，妈妈还要帮助孩子养成规范的书写格式，做到解题过程简单、明了、完整。

方法三：重视解决问题的方法和过程

学习数学知识，既要重视做题的结果，更要重视解决问题的方法和过程，不少孩子在学习数学的时候经常忽视这一点。我们之所以强调过程重要是因为重结果只会导致模仿、死记硬背、生搬硬套，遇到陌生题型往往会束手无策。

只有在学习数学的时候，引导孩子注重解题过程和解题方法，才会使孩子的思维得到真正的锻炼，数学能力才能真正得到提高。例如在运用一些图形方面的计算公式时，孩子不但要记住公式，还要理解这些公式是怎样推导出来的。只有灵活运用数学知识，才能够做到融会贯通，提高分析和推理能力，进而提高数学学习成绩。

方法四：帮助孩子养成良好的解题习惯

妈妈在平时要从审题、解答、检查这三个环节帮助孩子养成良好的解题习惯，从而有效地提高其解题能力。

（1）审题：读题与思考同时进行

在这个环节，妈妈要注重培养孩子一边读题一边思考的习惯，包括记住题目的要求、条件和思考问题的能力。这种习惯不仅有助于提高孩子的解题速度，而且还能加深孩子对知识的理解与记忆，进而逐渐增强孩子对知识的运用能力。

（2）解答：利用草稿，快速理清解题思路

解答的步骤是孩子对题目深入思考的外在表现，不仅能反映出孩子对某个知识点的掌握程度，还能帮妈妈判断出孩子的解题思路是否清晰、正确。

在这个环节，妈妈需要有意识地培养孩子做题打草稿的习惯。首先，要为孩子准备一个草稿本，便于检查时翻看。做题时，草稿本和课本都要放在桌子上，以便孩子可以随时取用，这样既能避免分散孩子的注意力，也能提高学习效率。

（3）检查：提高解题的正确率

检查是做题的最后一个环节。通过检查做题的过程和结果，可以帮助孩子发现自己做题时的失误，也可以总结出做题的经验。需要注意的是，检查并不仅仅是查错，更重要的是让孩子在检查的过程中学会总结，巩固知识点。日积月累，孩子在学习中的收获就会越来越多，解题也会越来越得心应手。

英语——让孩子用学习母语的方法学习

生活中，很多妈妈都可能有过这样的困惑与焦虑：孩子升入三年级后，英语成绩越来越差，父母跟着孩子心急火燎，但又找不到一个合适的方法帮助他们解决这个问题。尤其是对于那些从未在英语环境里成长的孩子来说，突破英语这块学科短板更是难上加难。下面这位妈妈的焦虑或许说出了很多父母的心声。

我的孩子其他学科成绩都可以，就是英语学习不知道从哪里下手。一提到英语，孩子满脑子都是背不完的单词、句子以及课文。这经常让他感到头晕目眩，觉得学习英语很难、很吃力。而且孩子在念小学之前一直住在乡下，可以说，没有一点英语基础，时间久了，对英语难免会形成一种排斥心理。孩子学习英语的信心不足，也很难学会直面问题，解决问题，结果更多的是逃避。

生活中这样的例子还有很多。如果孩子没有处在一定的英语语言环境中，学英语就会很难。

确实，孩子缺乏学习英语的环境，无形中会加大他们学习英语的难度，对孩子学习英语的积极性产生一定的负面影响。但是，当我们无法改变环境时，就要学会改变心境；当我们无法改变别人时，就要学会改变自己。因此，与其纠结英语学习环境的不足，倒不如通过努力找到适合孩子的英语教育方法来弥补这块短板。

对于3~4年级的孩子而言，大部分孩子往往只是为应付考试而去背单词、做习题，几乎很少有人真正把它当作一门语言来学，英语学习自然成了负担。而此时如果妈妈又没有给予孩子合理、恰当的指导，就会让孩子失去学习英语的兴趣，导致英语学习没有长进，甚至倒退。例如，很多孩子为了应付考试而背单词、做习题，这种学习方法很容易引起孩子对英语学习的逆反心理；还有一些家长对孩子的英语学习过于急功近利，稍有不满意就会指责孩子，这种徒劳的做法不但影响自己的情绪，还会给孩子增加无形的压力……

张女士的孩子英文很差，但她当年上大学的时候学的就是英文专业。在很多人看来，这似乎有点解释不通，俗话说"近水楼台先得月"，妈妈自己学的就是英文专业，而孩子的英文却这么差，真是不可思议。

可是事实又是怎样的呢？原来张女士对孩子管得非常严格，而且什么都管，时间久了，孩子对英语越来越反感，成绩自然难以提高。

很多时候，只要孩子放学回到家，这位妈妈就会追问他的英语学习情况。如果孩子的表现没能让妈妈满意，她就会一脸不悦，指责孩子说："你看看隔壁家的 ××× 考试考了多少分，而你呢？真不知道你都学了什么！"

对于 3~4 年级孩子的英语学习，妈妈要有一个良好的心态，给予孩子更多的鼓励和支持，认真关注孩子英语学习的变化，允许他们的英语学习有一个渐进的过程，而不是动不动就苛责他们，即使出现问题，也不要责怪孩子，而是要努力和他们一起想办法解决难题。下面这位妈妈就做得非常好：

儿子上三年级的时候，英语水平不错，也很让我引以为豪。不过到了四年级后，情况出现了一些转变。有时候孩子不愿意听课，在家也不爱看英语书了。当时我不是很了解情况，就随口批评了他几句。想不到一向都不掉眼泪的孩子竟然躲在卧室里偷偷抹眼泪。

我猜测自己可能是"冤枉"他了，了解情况后才知道，孩子刚刚换了英语老师，他还有点儿不适应，再加上四年级的英语课程本来就存在一些难度。

于是，我对儿子说："别难过，妈妈会支持你的，妈妈因为不了解情况就批评你，是妈妈不对，妈妈跟你道歉！"经历了这件事之后，我开始在培养孩子学习英语的能力上下功夫。更重要的是，我不再逼迫和指责孩子，而是更多地给予他鼓励和指导。下半学期，孩子的英语成绩就有了很大的进步。

可以说，大部分孩子还是很愿意学好英语的，但年幼的他们对于外语还没有太多的学习经验，遇到问题也在所难免。这时就需要妈妈尽心尽责，做好孩子的辅导工作，多鼓励，多引导，让孩子掌握适合自己的学习方法，并坚持下去，这样才能起到事半功倍的效果。那么，对于3~4年级的孩子来说，妈妈要怎样引导，才能帮助孩子掌握学习英语的技巧和方法呢？

方法一：让孩子对英语学习产生兴趣

学习语言本来就比较枯燥，特别是对3~4年级的孩子而言，他们正处在活泼好动的年龄，如果每天要求孩子死记硬背，用机械重复的方法学习英语，孩子很容易失去学英语的兴趣。若是没有兴趣，要想学好英语就更难了。

为此妈妈应该在培养孩子的英语兴趣上下功夫。举个例子，如果孩子喜欢听歌，妈妈可以帮助孩子找好听的英文歌，搜索歌词，然后记住，这样不但可以学习新单词，还能练习听力，孩子也会因为喜欢英文歌曲而喜欢上英语这种语言。在孩子学习英语的过程中，一位妈妈的做法就很值得我们学习：

儿子到了四年级，各科目的学习成绩都很不错，唯独英语成绩一直不好。分析原因之后我发现孩子之所以英语学习成绩差，主要是不喜欢记英语单词，觉得太枯燥乏味了。找到问题之后，我想了一个方法帮助儿子培养其英语学习的兴趣。

儿子每天学习结束之后都会看一会儿动画片，我就特意买了一些英文原版的动画片给儿子看。在儿子看动画片的时候，我鼓励儿子模仿动画片里的人物对话，一旦出现儿子看不懂的单词，我就让儿子找个便签本记下来。

我还会模仿动画片中的人物语气和儿子一起对话，儿子也经常学着动画片中人物的样子回答我，这样一问一答，经常逗得儿子哈哈大笑，在这种快乐的氛围中，儿子不知不觉就掌握了很多英语单词和常用对话，对英语的兴趣也越来越浓。

妈妈在培养孩子学习英语的兴趣时，可以多给孩子创造一些展示英语风采的机会。比方说，妈妈可以让孩子背诵一个英文故事、学唱一首英文歌曲，然后鼓励孩子在亲朋好友面前表演一下，在博得别人赞赏的过程中，孩子无疑会获得莫大的成就感，这对孩子英语兴趣的培养也会起到积极的作用。

方法二：妈妈和孩子一起学习英语

在家庭里，妈妈教育孩子是有优势的，相比爸爸，不管是男孩还是女孩都更愿意和妈妈亲近些。妈妈要利用好这一优势，利用业余时间和孩子一起学习英语。如果妈妈懂英语，可以给孩子做示范，如果妈妈的英语水平有限也没有关系，完全可以借此机会，和孩子一起记单词、背课文，练习英语对话。3~4 年级孩子的好胜心往往比较强，他们在努力想超过妈妈的心理驱动下，英语成绩自然也会提高得很快。而且妈妈在与孩子一起学英语的过程中，还可以采用"吊胃口"的方式激发孩子学习英语的积极性和热情。

一位妈妈在教育孩子学习英语时采用的这个方法，效果就非常好：

　　我在儿子上小学时就已经开始教他学习英文单词了，但我从来不会强迫孩子学习，为了教儿子，我还特意使用了一些孩子无法识破的"小伎俩"。

　　比如说，我会经常给儿子买一些英语绘本和画册，并讲给他听，在这个过程中，还会时不时地用一些鼓励性的话语来激发他好胜的心理。当儿子入神的时候，我就戛然而止；当儿子缠着我往下讲的时候，我才开始教他认单词。我想这就是为什么孩子的英语水平一直不错的原因吧。

　　这个例子中的妈妈正是通过掌握孩子的心理，进而找到了适合孩子的学习方法，引导他进行语言学习，然后持之以恒，这样孩子的英语学习自然越来越好。

方法三：引导孩子养成科学的学习习惯

　　英语作为一门语言，除了要培养孩子的学习兴趣外，妈妈还要引导孩子养成科学的英语学习习惯。

　　首先，妈妈要帮助孩子树立张口说英语的信心，比如，多用英语和孩子进行互动，鼓励孩子大声诵读英语课文等。《疯狂英语》创始人李阳在学习英语的时候，就是通过"厚着脸皮"大声读，才从英语菜鸟变成英语"皇帝"的。开口说英语不仅可以提升孩子的口语表达能力，让他们形成良好的语感，还能帮助他们突破心理障碍，敢于用英语进行交流。如果这样坚持下去，孩子的口语能力就会突飞猛进，进而越来越喜欢英语。

　　其次，妈妈要引导孩子养成多听英语的习惯。比如，孩子放学回家后，妈妈最好能给孩子放一些适合他们的英语听力材料，让孩子反复地听，并且跟着说，对于重点词句可以反复多放几遍。也可以帮助孩子选择适合这个年龄段的英语节目，让孩子养成爱听英语、爱看英语节目的习惯。

总之，在孩子学习英语的过程中，养成良好的学习习惯，不仅有利于他们英语水平的提高，而且有利于提高孩子英语的整体水平。

阅读——让孩子开阔视野的途径

莎士比亚曾说："书籍是全世界的营养品，生活里没有书籍就好像没有阳光，智慧里没有书籍就好像鸟儿没有翅膀。"书籍是人类进步的阶梯，一个从小就养成良好的阅读习惯，并掌握一定阅读技巧的孩子，其学习能力也会高于同年龄段的孩子。而且通过阅读，孩子的想象能力、表达能力、知识储备都能获得大幅的提高。

前苏联教育学家苏霍姆林斯基曾经说过："读书特别是课外阅读，不仅使孩子所学的知识更深刻，更扎实，更牢固，也使孩子的学习变得更容易，并带给其愉快的感受，阅读成为发展学生智力的重要手段。三十年的经验使我深信，学生的智力发展取决于良好的阅读能力。"由此可以看出，培养孩子的阅读习惯和阅读技巧是非常重要的。

3~4 年级的孩子，有着很强的探索欲望，他们渴望认识和了解这个世界。并且，这个时期正是他们独立意识发展的时候，所以良好而广泛的阅读习惯能使孩子获取更多的知识，开阔他们的视野，形成自己的想法和主见。另外，对于这一阶段的孩子来说，由于他们的价值观正在形成，所以一本好书就像是一位良师，可以帮助孩子完善人格，形成正确的价值观，这对孩子的未来成长有着非要重要的意义。

而且在 3~4 年级这一阶段，大多数孩子应该进入自由流畅的阅读阶段，即进入他一生中第一个、也是最重要的一个黄金阅读期。在这个关键期之后，喜欢阅读的孩子倾向于阅读更多，进入一个阅读的良性循环；而阅读基础较差的孩子往往讨厌阅读，这不仅妨碍了他们阅读能力和学习成绩的提升，也使他们在学校里变得更加沮丧。由此看来，抓住孩子的阅读关键期，培养孩子的阅读习惯，让孩子多读书、读好书对孩子的健康成长至关重要。相反，如果孩子错过了这一黄金阅读期，将会给他们的成长造成难以弥补的缺憾。

那么，对于 3~4 年级的孩子来说，妈妈又该如何培养他们的阅读习惯呢？

方法一：妈妈要学会引导孩子主动读书

孩子能否爱上读书，与妈妈的引导技巧有很大关系。如果孩子以前就不喜欢读书，到了 3~4 年级，妈妈可以给孩子买些印刷精美漂亮、内容丰富有趣、情节发展符合孩子喜好的书。另外，当孩子遇到不会的问题时，妈妈不要急着告诉他答案，而是应该告诉他如何到书里寻找答案，甚至妈妈还可以故意提出一些问题，让孩子自己查找书中的答案。久而久之，当孩子发现书中蕴含着丰富的知识时，就会主动读书，爱上读书。

我们知道大多数孩子都爱听故事，妈妈可以买些有趣的故事书，每天坚持给孩子讲故事。讲到精彩之处时，还可以故意停下来，吊起孩子的胃口，借机向孩子推荐这本书，让孩子主动去阅读。

同时妈妈还要创造和孩子一起阅读的机会，比如多带孩子去书店和图书馆，和孩子一人挑一本感兴趣的图书阅读，并且在阅读的过程中将有趣的地方和孩子一起分享、交流，这样孩子就会在不知不觉中对阅读产生浓厚的兴趣。

需要注意的是，妈妈不应对孩子所读书刊的内容、类型和范围进行过多的约束和控制。一般来说，大部分 3~4 年级的孩子在阅读内容的选择上已经逐渐形成了自己的爱好和兴趣，只要孩子愿意把一本书拿在手上津津有味地翻看，妈妈就不宜过多地干涉。

方法二：鼓励孩子多阅读经典名著

世界名著具有较高的艺术价值和知名度，是经过时间考验的经久不衰的文学作品，在这些作品中往往饱含着千百年来人们普遍认同的价值观念和永恒主题，而且还丰富地刻画了许多经典的人物形象，所以这其中的很多知识都值得孩子去了解和学习，妈妈应引导孩子多读一些经典名著。

需要注意的是，鼓励孩子阅读经典名著的同时，必须要结合孩子在这个阶段的阅读水平。填鸭式的阅读不仅达不到理想的效果，反而会引起孩子的逆反心理。而且，让孩子阅读不适合其年龄阶段的世界名著，也会让他们从心理上出现反感情绪，自然就不会接受了。

方法三：做好孩子阅读的"后勤兵"

我们经常会注意到这样一个现象：很多妈妈看到孩子在看书，就甩手不管，他们觉得既然孩子在读书，自己就可以安心地做其他事。其实不然，孩子在读书的过程中，妈妈也要做好"后勤兵"，协助孩子更好地阅读。

要知道，孩子在看书的过程中难免会有疑问，这时妈妈就要用科学严谨的态度，认真帮助孩子找到问题的答案。而且妈妈还要经常和孩子就书中的某些问题进行探讨，多问问孩子的意见，倾听他们的想法，有时候即使孩子的想法很幼稚可笑，也不要笑话孩子，而是要充分尊重孩子，让他养成边读书边思考的习惯。

同时，在孩子读完一本书之后，妈妈也不能不闻不问，而是应该和孩子一起做一些总结、延伸的工作。比如孩子在看完《伊索寓言》后，妈妈可以和孩子探讨一下故事中的情节，以及其中隐含的道理。如果故事中有些知识可以拓展，也可以讲给孩子听。妈妈和孩子一起积极参与讨论的过程，不但能够加深孩子对作品的记忆和理解，同时也能锻炼孩子整理归纳的能力，进而培养孩子阅读的好习惯。

科学——让孩子的求知欲得到充分激发

3~4年级的孩子，总是会被身边奇妙的科学知识所吸引，总想问个"为什么"，并且这个年龄段孩子的动手能力也慢慢提高了，因此他们更愿意带着疑问自己去找寻答案，或者带着自己的幻想，动手发明各种各样的东西。而科学课正好可以带给孩子更多的学习机会和乐趣，激发孩子的好奇心和求知欲。

可是很多妈妈却不是很重视科学课，觉得科学课是副科，成绩好坏都无所谓，反正也不影响孩子的排名、升学。

有一次老师问几个孩子："你们觉得什么课最有趣？"孩子

们一起回答："科学课最有趣。"老师继续问："那你们最想上什么课？"孩子们有的回答英语，有的回答语文，有的回答数学，就是没有人回答科学。老师很纳闷，问其中一个孩子缘由，这个孩子回答到："妈妈说，学好数理化，以后能考上大学，科学课是闹着玩的，小孩子不应该贪玩。"

听了孩子的话，我们不禁唏嘘，其实，科学课的学习也是非常重要的。3~4 年级正是人一生中好奇心最强烈的时候，因此孩子在科学课上可以获得更多的知识、兴奋感和成就感，进而焕发出内在的生命活力。

同时，3~4 年级科学课所接触的知识往往是孩子升入初高中，甚至大学都需要接触和掌握的内容，而科学课可以让孩子在小学阶段就对科学产生感性的认识，这对孩子日后的学习有着很大的推动作用。

事实上，很多伟大的科学家、发明家的成功之路都是从最初的科学探索开始的。比如说牛顿最初对科学产生兴趣，就是因为自己年轻的时候坐在树下被树上掉下的苹果砸到脑袋；达尔文对生物感兴趣，源于他从小就喜欢小昆虫；发明家爱迪生 10 岁时开始接触化学，并在 11 岁时发明了他的第一份电报……由此可见，科学能够带给人们直觉与启发，让人们不断地创造新的世界。

所以，妈妈不应该用功利的眼光要求孩子学哪门功课，不学哪门功课，而是应该告诉孩子，不能偏科，同时让孩子按照自己的兴趣去学习、发展。

一位生物学博士的妈妈的做法就非常值得我们学习。

记得儿子小时候，有一次放学回家跟我要可乐瓶。我问儿子要可乐瓶做什么？儿子笑了笑说要到学校里做试验。我听后毫不犹豫地给了他五元钱，告诉他到商店买一瓶可乐，喝完就有瓶子了。后来得知，老师将这些搜集来的瓶子都分割成了两部分，在里边培养起小植物，以供孩子们观察。

自那以后，孩子隔三岔五地就会带回一张纸，上面记录了每种植物生长的状态，由此也认识了植物的种子、根、须、茎、叶等，还区分了植物不同的特性。虽说儿子学科学课占用了一些时间，但从儿子满足的神情中，我知道这是很值得的。

正因如此，儿子后来一直对大自然中的动植物比较感兴趣，上大学后学习了生物学，现在已经读到了博士。我想孩子对科学的兴趣，或许就源于小时候的这些科学试验。

3~4年级的孩子本身就活泼好动，若是一味地学一些理论课程，而不适当调节一下，很可能会降低孩子的学习兴趣。而科学课不但能让孩子掌握知识，还可以增加孩子的动手、动脑能力，自然会博得孩子的喜爱，提高学习的兴趣。

我们认识到科学课的重要性，又该如何引导孩子认识科学、学好科学呢？

方法一：用科学试验激发孩子的兴趣

科学研究离不开好奇心的支持，只有对事物保持好奇心，才能有探索科学的动力。对于学龄阶段的孩子而言，他们的好奇心到底有多重要？前苏联教育家苏霍姆林斯基给出了答案，他说："在人的心灵深处，都有一种根深蒂固的需要，就是希望感到自己是一个发现者、研究者、探索者，而在儿童的精神世界中，这种需要特别强烈。"所以培养孩子的好奇心，激发孩子探索的兴趣，促使孩子对事物做出深入细致的观察、思索，是孩子学好科学课的关键。

桐桐今年上四年级，可能因为其他课业比较繁重，所以并没有花多少时间和精力在科学课上，而且她对科学课也没有多少热情。

为了培养孩子对科学课的兴趣，桐桐的妈妈想出了一个办法。周末的时候，妈妈对桐桐说："桐桐，妈妈带你玩一个游戏。"桐桐一听要做游戏，一下子就来了兴趣，连声称好。妈妈拿出两块写字板，一块用淀粉写了字，一块没有写字，然后拿起装有碘酒的喷壶一喷，奇怪的事情出现了，一块出现了字，一块没有字迹。桐桐看了之后好奇极了，缠着妈妈告诉她原因，看着桐桐着急的样子，妈妈便详细地告诉了她其中的道理。看着桐桐知道答案后高兴的样子，妈妈趁机又引导桐桐，告诉她其实类似有意思的科学道理还有很多，如果桐桐好好学习科学这门课，就能知道更多的道理了。从此桐桐逐渐爱上了科学课程，成了发明创造的"小能手"。

其实，对于3~4年级的孩子来说，有时候即便是非常简单的小试验，也让他们感到新奇，从而引起浓厚的兴趣。妈妈正好可以借此契机，引导孩子发现科学实验的独特魅力，养成主动学习科学知识的好习惯。

方法二：让孩子阅读科学读物

科学读物看似讲的是知识，实际上还具有调节情感的作用，让孩子产生强烈的情感波动：或为科学技术带给人们的美好前景而叫好，或为雄伟的自然风光而感叹，或为科学家的献身精神所感动，从而受到启发和激励，养成良好的精神品格。

著名气候学家、地理学家竺可桢曾说过这样一句话："我小的时候很喜欢看一些自然风光类的科学书籍，我在书中体会到大自然的神奇，因此就想通过学习来理解大自然。等到我学习了很多自然知识后，我就想用我学到的知识来改造大自然，为人类造福。"

看到这里，妈妈们应该了解了科学读物对孩子潜移默化的影响，所以，妈妈平常应多关注孩子科学知识的学习，帮助孩子选择权威的科学报刊、杂志等，并可以为孩子购买一些关于科学知识的光盘。当然，如果有条件的话，还应该为孩子提供直接面对科学的机会，如参观科技馆、博物馆、天文馆等。当孩子在学习中遇到不懂的问题时，妈妈也应主动引导孩子，和孩子一起查阅科学类工具书来解决问题。

方法三：鼓励孩子多动手

多动手能够充分发挥孩子在课堂上的主体作用，对于开发孩子的情感潜能、思维潜能、操作潜能和创新潜能都有很大的帮助。在平时，妈妈应鼓励孩子多动手，这样不仅可以锻炼孩子的手脑协调性，还能让孩子从中学到很多的知识，体会科学的乐趣。

下面就是一位妈妈分享给大家的教子经验：

为了锻炼儿子的动手能力，考虑到他喜欢拆拆卸卸，我曾专门给儿子买了几组电机，然后让他给我制造一个电动风车。儿子笑了笑满口应承。他以为很简单，但实施起来才发现并非想象中那么容易。

看着孩子要打退堂鼓，我在心里琢磨着怎么样才能让孩子继续坚持下去。突然，我灵机一动，对儿子说："儿子，晚上的时候，电灯是不是比蜡烛亮啊，那你知道电灯是谁发明的吗？"儿子非常好奇地问我："妈妈，是谁啊？"我趁机回答道："是爱迪生。他在发明灯泡的过程中，遇到了许多困难。其中最大的困难就是寻找一种适合做灯丝的物质。爱迪生前后试验了一千多次，用了无数种材料，最终找到了钨丝，这样才发明出了电灯。所以干什么事情都要勇于尝试，坚持不懈，才能取得成功。"

儿子听了我的话之后，仔细地想了想，然后默默地继续开始动手组装起来，整整一下午时间，儿子都在按照说明书不停地摆弄着，最后，终于把风车组装成功了。看着儿子高兴的样子，我心里明白，儿子利用一下午时间组装风车的过程中，对于科学知识的掌握效果，是死记硬背所不能达到的。

孩子是天生的探索者，他们喜欢尝试新鲜事物，探索未知领域。为此，妈妈平时要多鼓励孩子，培养他们的动手能力，而且这对他们将来的学习、生活以及工作都会大有好处。

第六章
3~4 年级，好的学习习惯让孩子脱颖而出

3~4 年级的孩子由于心智尚不成熟，在学习上会存在各种各样的问题，而这些问题就像是"漏洞"一样影响着孩子的成绩。妈妈只有及时反思和调整自己的教育方式与心态，引导并帮助孩子养成良好的学习习惯，才能和孩子一起弥补"漏洞"，追求更完善的自己。

3~4 年级，让学习成为一种习惯

叶圣陶曾说："好习惯使人享用一辈子。"孩子的学习习惯是后天逐渐养成的，是与学习方式有关的行为倾向，它对孩子学习成绩的影响非常大。曾经有一家知名教育机构对 1500 名学习成绩较差的孩子进行过一次调查，研究分析发现，90% 以上的孩子都有不良的学习习惯。而 3~4 年级正是学习习惯培养和形成的关键期，因此妈妈要将培养孩子良好的

学习习惯作为教育任务的重中之重。

　　小枫是一名小学四年级的学生，学习成绩一直是班里的前三名，于是很多同学家长都带着孩子到小枫家里"取经"，他们觉得小枫学习成绩这么好，一定是因为孩子非常刻苦。

　　但是经过和小枫妈妈交流之后，大家才发现情况并非这样，原来小枫的过人之处在于有着良好的学习习惯。

　　小枫每天放学回家，首先会复习语文课程，将当天讲过的生字、生词，以及学过的内容重新回忆一遍。之后开始吃晚饭，吃完晚饭后，休息一会儿，小枫就会主动去做作业。做完作业之后，如果时间充裕的话，有时他会将当天的数学课内容复习一遍，或是做一些课外习题，有时也会在睡觉之前听一会儿英语音频。第二天早晨，小枫起床后，也会朗读一段英语，并预习当天要上的课程，忙完这些再去上课。

　　小枫正是因为养成了良好的学习习惯，才使他对知识的掌握比别的孩子都扎实。当然，培养孩子良好的学习习惯，离不开妈妈的引导和帮助，因为3~4年级的孩子自我约束能力还比较差，还不会自我管理和时间管理，需要妈妈不时地提醒与引导。

　　妈妈在引导孩子培养良好的习惯时应遵循几条原则：

　　原则一：以鼓励为主，做孩子学习习惯养成的助手。妈妈要经常鼓励孩子，尤其是孩子表现好的地方，对其错误的做法则多沟通，让孩子认识到错误。想办法逐渐强化和巩固孩子好的学习习惯，同时及时发现并纠正孩子不良的学习习惯。但需要注意的是，协助孩子养成好的学习习惯，千万不能采用高压政策，处处对孩子进行管束，要留给孩子一定的空间，引导他们学会自我批评，不断让孩子通过自我反思，改正自己的缺点和不足。

原则二：循序渐进，切忌急于求成。有些妈妈在培养孩子的学习习惯时容易急于求成，甚至揠苗助长，这些显然都是行不通的。要知道，任何好的学习习惯都不是一朝一夕养成的，千万不能心急。妈妈要明白，习惯的养成在一开始时需要巨大的意志力，从理解、认可到形成习惯会有一段很长的路。因此，培养孩子的学习习惯是一个长期的过程。同时，培养孩子的学习习惯，应从一两种习惯开始，逐步持续地实践下去。若想一下子培养孩子很多好习惯，最终很可能一个好习惯都难以养成。

原则三：培养多种好习惯，让孩子学会自主学习。教育专家认为，孩子进入3~4年级后，要着重培养四个方面的学习习惯：上课认真听讲、独立完成作业、课前认真预习、课后认真复习。一般而言，养成了这四种学习习惯的孩子，学习成绩基本都不会太差。在此基础上，妈妈还要广泛培养孩子其他的学习习惯，比如持之以恒、勤于思考、善于积累、勤于动笔等等，让孩子能够受益一生。如果妈妈教育引导得当，让孩子明白学习并不只是为妈妈所学，而是为他们自己所学，这样孩子就很容易进入积极主动的学习状态。

那么，为了让孩子养成爱学习的好习惯，妈妈具体又应该注意哪些方面呢？

方法一：给孩子制定一个合理的学习计划

为了让孩子养成良好的学习习惯，首先要帮助孩子制订一个合理的学习计划，根据计划去学习，效率才会大大提高。最重要的是，良好的学习习惯也会因此培养起来。

给孩子制订学习计划时，首先要考虑到孩子的自身特点，要求不宜过高，因为要求过高难以执行的话，容易使孩子产生挫败感和自卑感。在制定目标时，妈妈可以根据孩子以往的学习情况、学科进度等情况来确定目标，保证孩子完成学习计划后能达到对应的要求。并且必须从孩子的体力、智力、学力、性格、志趣等方面考虑，不能好高骛远，急功近利。其次要考虑学习、生活之间的平衡，不能只考虑学习而不顾其他，规律而充实的生活是提高学习效率的基本条件。最后，还要留有一定的灵活性，根据实际情况和执行中的体会，及时对计划做出调整。例如，某天孩子因参加运动会觉得身体非常疲倦，那就应该及时改变计划早早休息。如果单纯为了执行计划，硬要孩子一边打盹儿一边坚持学习，或是不做完十道题目就不许睡觉，那就无异于削足适履了。

同时，每个学习计划都要有一个核心目标，重点培养孩子现阶段某一方面能力，然后以此循序渐进，逐步完善。

方法二：让孩子品尝学习的快乐

孩子对学习不感兴趣，往往是因为他们还没有尝到学习的乐趣。想象一下，3~4 年级的孩子正是爱玩的时候，如果对某件事情缺乏乐趣，他又怎么愿意整天闷在家里学习呢？因此，为了培养孩子的学习兴趣，妈妈应有计划地安排孩子参加各类活动。当孩子的求知欲与好奇心被兴趣唤醒时，他就会自觉地去探索未知，以期找到渴求的答案。当学习成为一种兴趣、成为一种习惯时，孩子就有了足够的动力，就会变得越来越爱学习了。

郭猛是一名小学三年级的学生，平时总是调皮捣蛋，不好好学习，妈妈对此十分苦恼，于是专门请教了专家。专家建议：如果能让孩子找到点儿别的兴趣点，也许问题就迎刃而解了。

妈妈想到郭猛平时喜欢读童话故事，可以尝试着让他写点读后感，这样既锻炼了孩子的写作、阅读能力，又让他业余时间能够充实起来。妈妈按照这个方法去做，结果孩子还真爱上了写读后感，后来他的作文经常受到老师的表扬，甚至还成了同学们的范文。

方法三：给孩子找一个学习上的竞争对手

3~4年级的孩子相比1~2年级，增长的不仅仅是年龄，还有强烈的竞争意识。比如，看到原本比自己差的同学学习成绩超过了自己，不用妈妈督促，他们就会想方设法迎头赶上。在你追我赶的氛围中，孩子很容易养成爱学习的习惯。为此妈妈应该抓住3~4年级孩子的这个心理特点引导他们爱上学习。妈妈可以让孩子自己在班上找一个想要超越的对象，然后设定一个预期目标，明确要用多长时间超过他。这样孩子在心中就会自然而然地形成一种竞争意识，主动努力地去学习。

方法四：学习的时候给孩子点儿自由

有些妈妈在培养孩子的时候，过于苛刻，甚至不给孩子一点儿自由。有的妈妈因为孩子学习成绩不好，因此每次孩子放学回家，都要求孩子在规定的时间内完成作业，还经常在旁边督促孩子学习。久而久之，反倒会使孩子产生逆反和依赖心理。研究表明，3~4年级孩子的注意力一般保持25分钟左右，所以想让孩子长时间坐在那里专注地完成作业，几乎是不可能的，反而会让孩子对学习产生厌倦心理，这也不利于孩子学习习惯的养成。

因此孩子学习的时候，妈妈不要管得过死，应该给孩子多一点儿自由。比如，做作业的时候，可以允许孩子做完一门功课休息一会儿。

预习——提高学习效率的关键

大多数孩子在上三四年级之前，基本没有养成预习的习惯。这主要是由于 1~2 年级的课程难度较小，孩子有足够的时间消化吸收，孩子们之间的成绩差距也表现得不是很明显，妈妈因此会觉得预习没有多大必要，所以也就不重视孩子预习习惯的培养。

但是进入 3~4 年级之后，随着知识难度和学习内容的增加，不会预习，没有预习习惯的孩子就会明显感觉到学习比较吃力，成绩上也逐渐和其他孩子拉开差距。所以妈妈从 3 年级开始就要有意识地培养孩子预习的习惯。

预习是学习过程中很重要的环节之一。预习的过程是以已经掌握的知识为基础，通过提前学习，让孩子自己感知、理解、分析、判断、想象新课程、新知识的过程。预习的过程，实际上是对新课程、新知识自我尝试、激活的过程。

通过预习，孩子在课堂上与老师的沟通会更流畅，听课也更有目的性，课堂学习效率会大大提高，学习效果自然也会提升一个台阶。同时，预习还可以锻炼孩子独立思考的能力，有利于培养孩子学习的积极主动性，养成自主学习的好习惯。

那么，对于 3~4 年级的孩子来说，有哪些科学的方法能够指导他们预习呢？

方法一：妈妈要引导孩子明确预习目标

每一节课都有其教学目标，为了切实让孩子学会预习，在开始预习前，妈妈要引导孩子抓住这个目标，明确这一堂课应该掌握哪些内容，重点和难点是什么，哪些知识点已经掌握，哪些知识点还掌握得不太牢固，哪些知识点不是很理解，并告诉孩子用笔画出来或是记下来，这样，当孩子带着问题、带着思考、带着疑惑走进课堂时，就会更好地提高课堂效率，培养自主学习的能力。

方法二：从孩子学得比较吃力的科目进行预习

对于 3~4 年级的孩子来说，如果以前没有预习的习惯，那么从现在开始就要学会预习。不过需要注意的是，预习从无到有，是一个循序渐进的过程，不要一口吃个胖子，何况把所有科目都预习一遍的做法根本就不符合实际。因此，妈妈应该建议孩子，先针对自己比较薄弱的科目进行预习，并一直坚持下去，待孩子熟悉了这个过程，掌握了预习的方法、技巧，收到一定效果后，再适当扩展预习的科目范围。

方法三：根据老师上课的特点安排预习

妈妈要根据老师上课的特点安排孩子的预习。比如，有的老师常常是按教材讲课，这就要求孩子要事先对教材有一定的了解，而且要对教材做一定的分析理解，做好读书笔记。

与此同时，预习有时还需要阅读参考书，这样能收到意想不到的效果。比如学习语文的时候，看看参考书能了解课文内容的时代背景，也能学到与课文有关的风土人情等方面的知识，这样有利于加深孩子对课文的理解和认识，为此，妈妈还要给孩子准备好可能要用到的参考书。

方法四：预习要做到眼到、手到、心到

孩子在预习的时候，妈妈要教会他做到眼到、手到、心到，要将新内容从头到尾通读一遍，做到充分了解新知识的内容，不能把预习当作任务来完成，而是要将它看作是学习新知识的一个重要环节。

同时，要鼓励孩子试着做一下课后习题，对于不懂的问题要用笔标示出来。做记号的过程有助于孩子加深理解、发现问题、提出问题和解决问题。

方法五：学科不同，预习方法也不同

预习要根据不同学科，掌握不同的预习方法。妈妈在指导孩子预习的过程中，要学会根据具体的学习内容合理地选择和运用恰当的预习方法，一般以某一种学习方法为主，再辅以其他方法。

像语文、英语这样内容型的学科，在引导孩子预习时，要重点采用阅读理解法预习，先让孩子读几遍课文，画出其中的生字、生词，标注出难以理解的语句，再逐一进行理解。

而预习数学时，重点要采用尝试练习的方法预习，让孩子先看一遍第二天要学习的内容，然后让孩子试着做几道对应的例题或简单的习题，在做习题的过程中，查漏补缺，找出自己还没有掌握理解的地方，第二天上课时重点听讲这一部分。

另外，妈妈还可以引导孩子依据自己的情况对所预习的科目粗略地看

或是详细地看。比如，英语课所讲的语法单一、单词量少，只要稍做了解就行。但数学课逻辑性强，难度大一些，就需要采用精细的方式预习。

方法六：妈妈要注意检查孩子的预习效果

在预习的过程中，妈妈还要注意检查孩子的预习效果，可以尝试让孩子做几道题目，以检查孩子的预习效果。如果孩子的预习效果不太好，就要和孩子一起查找问题，共同探讨，力求养成预习的好习惯。经过一段时间的培养，当孩子逐渐养成了预习习惯之后，妈妈的关注重点就可以转移到监督孩子的预习上来，防止孩子因为贪玩而把养成的好习惯给丢掉了。

复习——让知识记忆得更深刻

经常听到有的妈妈抱怨："我家孩子平时学习挺用功，但成绩就是上不去。"不少孩子也抱怨："平时上课听讲很认真，但是没多久就忘记了！我怎么这么笨呢！"实际上这不是孩子笨，也不是心理素质差，而是与他们对知识的掌握程度以及复习方法是否科学有关。

孩子在3~4年级时，所学知识的难度逐渐增加，每节课的知识量也增加不少。单凭在课堂上听讲已经很难完全掌握这些知识，也很难完全听明白老师所讲的内容，这就需要妈妈帮助孩子养成及时复习的学习习惯，才能将知识完全掌握。

及时复习可以加深和巩固孩子对学习内容的理解，防止孩子在学习后发生急速遗忘。根据遗忘曲线，识记后的两三天，遗忘速度最快，然后逐渐缓慢下来。美国教育家卡耐基也说过:如果孩子学完知识后不复习,那么孩子学到的知识只有四分之一。因此,对于刚学过的知识,妈妈应引导孩子及时复习。

同时,在复习过去所学知识的过程中,孩子还能得到很多新的收获,使掌握的知识更系统化,对知识的理解也能上升到一个新的水平。

一般来说,孩子在 1~2 年级时大多都没有复习的习惯,进入 3~4 年级之后,就要养成复习的良好习惯。从时间安排上看,妈妈也要督促孩子巩固当天学过的新知识,每周进行小结,每月进行阶段性总结,期中、期末进行全面系统的学期复习。这样逐渐让孩子养成复习的习惯。以下一些方法可供妈妈们借鉴:

方法一:适合孩子的复习方法非常重要

"一千个读者就有一千个哈姆雷特",不同的孩子,因为对知识的掌握不同,以及思维方式的不同,适合其复习的具体方法也不同。一般来说,3~4 年级孩子在复习功课上,多以阅读、背诵、做练习以及动手操作为宜。妈妈在帮助孩子复习功课时,可以从策略、方法上对孩子进行指导,帮助他们找到适合自己的复习方法。

妈妈在指导孩子复习的时候要着重培养孩子对知识的理解,很多孩子在复习的时候往往只重视记忆,忽视对知识的深入理解,这样不利于孩子对所学知识的贯通掌握。

方法二:不同学科可采取相应不同的复习方式

不同的学科,因其学习方法不同,复习的时候也不能一成不变,妈妈应该指导孩子针对不同的知识内容采取不同的复习方法。比如,对于英语、语文学科来说，阅读和复习生字词是务实基础的关键；同时语言学习中语法这一比较烦琐的知识点的复习可采取思维导图或是列提纲表格归纳的方式，将相似的知识点进行对比分析，这样有助于对知识点进行准确、深刻、系统、条理的记忆。而对于数学学科，因涉及大量数学公式和定理的掌握，则可以做习题的形式进行记忆和巩固并加深认识。

> 王丽是位母亲，最令人佩服的是她在教育孩子方面的经验。在谈到指导孩子复习功课时，她说："我非常重视孩子在复习上的方法和技巧。每当课本上的一个单元学完之后，我都会鼓励孩子做一次总复习。事实证明，这种学习方法很有效果。举个例子，学习数学的时候，当一个单元学完后，我会引导孩子把所有章节的重点从头到尾都回想一遍。在这个过程中，我还会特别提醒孩子注意课本上的标题，因为这些标题不仅是小节的主题，也是重要的知识点。"
>
> 有了这种复习方法，孩子便能清楚地了解自己对所学知识的掌握程度，哪里掌握得比较好，哪里还有不足，从而取得更好的学习成绩。

由此看来，只要孩子掌握了科学的复习方法，不仅能把知识点联系起来进行综合复习，还能将重点知识与非重点知识进行梳理，做到心中有数，这样成绩自然能得到较大的提升。

方法三：根据科学规律引导孩子制定有效的复习计划

复习时间的安排也会影响复习的效果，因为人的记忆和理解能力遵循一定的科学规律。换句话说，学习中的遗忘是有规律的，遗忘的进程是先快后慢。人们对于刚学过的东西，总是一开始忘得快，过一段时间就逐渐减慢。妈妈要以这个科学规律为基准，帮助孩子制订合理有效的复习计划。

为此妈妈要监督孩子及时复习，让孩子每天先复习当天或者前一天所学的内容。对于新知识，如果不及时复习，时间一长就忘记了，太多内容集中到最后一小段时间里复习，效果自然也不会好。

另外，对于 3~4 年级的孩子，由于他们的身心发育特点比较适合分散复习，妈妈不妨把孩子的复习时间调整一下，每次复习 20 分钟，然后中间休息一下，这样孩子不至于疲劳，复习的效果也会更好。

课堂笔记——别让知识偷偷溜走

记课堂笔记是一个非常好的学习习惯，课堂笔记可以帮助孩子理清听课的思路，在听课时能集中注意力，抓住听课的重点，为日后复习提供方便，从而有效地提高学习效率。

强强今年上四年级，学习成绩很好，他学习成绩优秀的关键不是他比别的孩子聪明，而是因为他有一个好习惯——上课记课堂笔记。每次上课的时候，强强都会高度集中精神，一边认真听老师讲课，一边将老师强调的重点内容记在笔记本上，而且还随时把自己没有听明白的地方记下来。

下课后，他会先自己想一想，如果还是想不明白，就会和同学讨论，或者是问老师。考试之前，强强会根据笔记内容再结合书本进行复习。可以说，一本学习笔记让强强在学习上得心应手，游刃有余。

但是在现实生活中，很多三四年级的孩子往往没有记学习笔记的习惯，有的虽然有记学习笔记的习惯，但却不知道方法。于是，我们经常会看到这样一些现象：有些孩子上课时，埋头做笔记，老师讲的内容，事无巨细都记录下来，笔记本经常是密密麻麻好几页，不仅影响听课的效果，而且笔记也没有重点和条理，这样的笔记在课下复习时，也基本没有什么价值。还有的孩子，笔记记得过于简单，下课之后，看着各种各样的符号，根本回忆不起来老师所讲的内容。

因此，为了更好地培养孩子记课堂笔记的习惯，提高孩子记笔记的能力，以下提出几点建议：

方法一：记笔记之前要做好预习工作

要想做好课堂笔记，最好能做到在老师讲解之前，做好预习的工作。因为通过预习，孩子可以对知识网络和重点、难点有一个大致的了解，形成一个课堂笔记的框架，特别是哪些地方还有疑问，这样，在听老师讲解的时候，就能充分发挥自己的主动性，做到有的放矢。

方法二：引导孩子认识课堂笔记记什么

为了更好地培养孩子记课堂笔记的习惯，妈妈首先要告诉孩子，课堂笔记究竟要记什么。简单来说，课堂笔记首先需要记提纲，把老师在课中教的概念、公式、法则、原理等记下来，形成框架。然后，要着重记下听课过程中的难点、疑点，等下课后再加以解决。另外，还要记新方法、新知识，每节课都会讲一些新内容、新知识，这些内容都需要课下记忆。最后还要记下老师讲的解题技巧、思路和方法。

方法三：记笔记要把握好时机，即什么时候记

一般来讲，上课要以听讲和思考为主，这就要求孩子在做笔记时一定要把握好时机，不能影响正常的听讲和思考。具体来说，做笔记有三个时机需要把握好：一是当老师在黑板上写字时，要抓紧时间抢记；二是当老师讲授重点内容时，要挤时间速记、简记；三是下课后，要抽出时间做好补记。

方法四：养成整理课堂笔记的习惯

由于时间限制，孩子在课堂上做的笔记往往不是很完整或比较凌乱，大多都是简化的课堂笔记，所以妈妈要让孩子养成课后整理学习笔记的习惯，把课堂上由于要听课而没有记全，或者用符号代替的内容补全，如果有些内容确实回忆不起来，可以让孩子询问一下老师。

除此之外，每隔一段时间还要提醒孩子整理一次学习笔记，这个过程其实也是一个复习的过程，孩子一边复习，一边整理，岂不是两全其美。当然，整理笔记并不是让孩子单纯地把笔记内容再看或再写一遍，而是让孩子把学习笔记假想成一套练习，即使遮住重点概念的内容、题

目的答案，孩子也能重新回忆概念、重新解题，做到这些，才能最大限度地发挥笔记的功用。

总之，妈妈在指导孩子做笔记时，一定要注意课堂笔记没有约定俗成的规矩，做笔记只是手段，最终目的是掌握知识。学会记课堂笔记是一个长期的过程，妈妈不要急于求成，否则孩子每天上课时只会把心思都放在记课堂笔记上，反而影响了正常的听课。

一玩起来就忘记时间——注意培养孩子的责任心

3~4年级的孩子经常会发生这种事：和妈妈约好了出去玩半小时就回来，但是一玩起来就没了人影，玩够了才想起来回家；和妈妈保证电视只看10分钟，可是一看起来就完全忘记了开始约定的时间。那么，是什么原因造成这种现象呢？表面上看，这和孩子贪玩有关，然而深层次的原因却与孩子缺乏责任心有关。

责任心，是一个人日后能够立足于社会、获得事业成功与家庭幸福至关重要的人格品质，但是很多妈妈在教育孩子的过程中，却忽略了对孩子责任心的培养。的确，责任心不像知识、技能和能力那样明晰可见，但它对孩子的人生发展却非常重要。一个对自己有责任心的孩子，自觉水平高，让大人省心；一个对家庭有责任心的孩子，亲善行为多，让大人宽心；一个对他人有责任心的孩子，人小志气大，让大人放心。有责任心的孩子会有很多优点，比如自觉、自爱、自立、自强。可以说，责任心是孩子走向成功和幸福人生的必备条件。

现在很多孩子缺乏责任心，主要是因为妈妈长期以来给予孩子过度的保护,让孩子没有机会独立做事。久而久之,孩子的依赖性越来越大,往往表现出一副事不关己,高高挂起的样子。

培养孩子的责任心最重要的是要让孩子独立去做力所能及的事,培养孩子的独立意识。在培养孩子的独立意识时,可以先从简单的动作技能入手,然后逐步过渡到掌握复杂的生活技能。这种循序渐进的引导方式,不但可以增强孩子独立生活的能力,还可以增强孩子的自信。

当孩子遇到困难时,作为妈妈,一定要懂得放手,及时给予鼓励,并在适当的时候帮助孩子解决难题,但是千万不能因为一时心疼就让孩子放弃。其实孩子都是很能干的,当他们独立去做自己力所能及的事情时,也是在培养他们的责任感。

让我们一起看看下面这位聪明的妈妈是如何培养孩子责任心的:

> 暑假刚开始,妈妈就给即将读四年级的孩子布置了一项特殊的作业,要求孩子洗涮每天晚饭后的碗筷。因为以前从来都没有做过家务,刚开始的几天,孩子做起来还有些兴致,每天吃完饭都会主动收拾碗筷、做家务。但是不到一个星期,孩子就嚷嚷着要妈妈奖励自己,不出半月就再也不愿做了。
>
> 为此妈妈让孩子立下军令状,对自己应做的事情要负责任。妈妈严肃地告诉孩子:"答应了的事情就要做好,这是对自己负责,也是对别人负责!"最后孩子坚持下来了,通过这件小事,妈妈发现孩子的责任心也越来越强。

所以,妈妈在培养孩子的责任心时,需要注意以下几个方面:

方法一：不做扼杀孩子责任感的杀手

孩子在独立做事的过程中，不可避免地会遇到困难，而且孩子第一次单独做事难免让人不满意，这都是非常正常的。比如收拾桌子时孩子不小心打碎了花瓶，没关系，不要随意斥责或因此禁止就不再让他帮忙收拾桌子，可以告诉孩子下次做事要小心，别划破手；饮料洒了，孩子只能少喝甚至不喝，这是他完全能够承担的，不需要重新给他一杯。孩子做事情做得不好甚至搞砸时，妈妈千万不要过分地批评和嘲讽孩子，更不要盯着孩子的缺点和错误不放，这样反而会让孩子变得胆怯懦弱，畏首畏尾，而这样的孩子，又如何承担责任呢？

方法二：帮助孩子养成有始有终的习惯

对孩子来说，生活中的事情其实不应该分大小，看起来是很小的一件事，但对培养孩子的责任心却可能有着重大的意义，比如随手关门、睡前熄灯的习惯；比如饭后把自己的碗筷送到厨房，换下来的脏衣服送到洗衣篮里的习惯等等，这些身边的小事，都是培养孩子责任心的好机会。

为了增强孩子的责任心，在生活中，妈妈就应当注意培养孩子做事有始有终、负责到底的良好习惯。交给孩子去做的事情，要由小到大、由易到难，发现问题及时地帮助孩子予以纠正，鼓励孩子从头至尾认真地把事情做完做好，并随时检查孩子完成的情况，这样孩子慢慢就能树立起将事情做好的责任意识。

方法三：让孩子学会自主选择，培养孩子的责任心

孩子的自主性往往表现在他的选择上，但很多妈妈怕孩子自己选择错了，总是不敢把选择的权利交给孩子，或是直接生硬地剥夺了孩子的选择权。殊不知，选择和责任总是联系在一起的。试想一下，如果孩子想做的事都由妈妈做主，孩子就永远不会想到自己对这个决定负有责任。相反，如果把选择的权利交给了孩子，他选择时反而会比较慎重，因为孩子知道一旦选择了，就要由自己负责，是好是坏，后果也要自己承担。

一位妈妈谈起自己的育儿经时说："孩子读四年级时学小提琴，以前他看到的都是人家拉琴时漂亮的样子和好听的乐曲声，可轮到他自己学时，才知道学小提琴是一件很辛苦的事。这时候我就态度坚决地告诉孩子，当初是你自己说要学的，既然选择了这条路，就必须要坚持。和你一起学小提琴的小朋友有很多，大家都在坚持学习。"孩子听了这些，认可地点了点头，从此不再叫苦叫累，更加刻苦地练习。这样到孩子小学毕业时，他的小提琴已经达到了很高的水平。

当然，让孩子自主选择，不等于认可孩子每一次的选择，也不能因此而代替孩子做决定。最好的办法是让孩子有更多"自作主张"的机会，妈妈再根据具体情况具体分析。尊重孩子的选择，才能让他学会责任和担当。

做一道题晃悠半小时——如何提高学习效率

一位妈妈在谈到女儿时叹气地说："还有两年就上中学了，可我女儿现在的成绩还是那么差。老师都说女儿在学校里表现

很好，回到家我发现她学习也很用功，而且经常'加班加点'，
熬到深夜，可为什么学习成绩就是上不去呢？"

这种情况其实并不少见，很多孩子学习很努力，但成绩却不理想，
妈妈们看在眼里急在心上，但又不知道该怎么办。其实，这些妈妈可能
没有意识到，出现这种状况，很可能是孩子的学习效率低下导致的。

然而，在现实中，我们经常会看到这样一个现象，很多妈妈发现孩
子学习效率低的时候，往往不是先找原因，而是训斥孩子，把责任都推
到孩子贪玩、不听话上，这是很不可取的。建议妈妈遇到这种情况的时
候，认真找找原因，同时反思一下自己是不是没有掌握好的引导方法，
从而造成孩子学习效率低下。

对此，以下几点建议，希望对提高孩子的学习效率有所帮助：

方法一：培养孩子集中注意力的习惯

孩子学习的最大"敌人"就是不能集中注意力。有的孩子在学习时
总是看着语文想数学，看着数学想英语，有的脑袋里还总是想着电视里
正在播放的节目，或是一会儿出去和谁一起玩儿，一刻都不能静下心来。
而孩子一旦养成注意力不集中的习惯，学习效率自然也不会高。相反，
善于集中注意力的孩子学习起来不仅省力，效率高，效果也比较好，因
此也有更多的时间来休息和娱乐。

所以，妈妈要纠正孩子这种不良的学习习惯，培养他们把精力专注
于一件事情上。

首先，妈妈需要从日常生活方面培养孩子集中注意力的习惯。比如
要求孩子准时就寝、起床；按时饮食；写作业要认真，否则要重写……

当然，并不是所有的小事妈妈都要管，而是选择对孩子的成长、品质的形成起着举足轻重的作用的"小事"来管。

其次，妈妈要帮助孩子给自己设定一个提高注意力和专注力的目标，这个目标不宜过大，比如一个小时记住 20 个英文单词，在这个过程中，帮助孩子学会在任何需要的时候都能将自己的精力集中起来。

最后，妈妈千万不要给孩子不良的暗示，比如经常说孩子"注意力不集中""上课时左顾右盼"，如果孩子总是受到这种不良暗示的影响，久而久之，就会认为自己真的注意力不集中，对自己失去信心。

方法二：根据实际情况，合理安排孩子的学习时间

作息无定时、生活无规律是孩子注意力分散的主要原因。3~4 年级的孩子虽然已经长大，但他仍然是孩子，仍然爱玩、好动，而且这个年龄段孩子的注意力持续时间本来就不是很长。因此，如果妈妈让孩子长时间学习，他又怎么会坐得住呢？

因此，妈妈一定要根据孩子的实际情况，合理安排孩子学习和娱乐的时间，让孩子明确什么时候可以尽情地玩，什么时候必须专心完成学习任务，养成劳逸结合的好习惯。

方法三：让孩子明确学习任务

妈妈可以为孩子准备一本作业计划本，让孩子按照不同学科，分条记录好每天老师布置的作业。与此同时，妈妈还要及时对照作业本提醒孩子完成当日的作业。如果孩子完成了当日的作业，记上"√"，如果孩子没有完成当日的作业，可继续加入之后的学习日程中。

让孩子清晰地看到自己的学习任务，有助于降低孩子的执行难度，

帮助他们在最短的时间内，保质保量地完成自己的"工作"。

方法四：唤醒孩子积极的学习情绪

当孩子专注地完成一个学习任务，或是在学习上取得一定的进步时，妈妈可以用手轻拍孩子的肩膀，并跟孩子说一些鼓励的话语。例如："你真是一个用功的孩子！""我真为你的表现感到骄傲！"类似这样的鼓励重复数次后，自然能唤起孩子积极的学习情绪，这样孩子会更容易进入"学习的状态"，表现得更为专注。需要注意的是，妈妈一定要肯定孩子为此付出的艰辛和努力，而不是表扬他的"聪明"。尤其是当孩子学习情绪低落时，妈妈更应该给予其积极、有力的鼓励，以唤起孩子积极的学习情绪。

方法五：给孩子创造一个安静整洁的学习环境

要创造安静的家庭学习气氛，让孩子专心学习，家长首先要自己安静，不做分散孩子注意力的事，如看电视、大声议论等。在孩子的书桌上，只放置一些与学习有关的文具和书籍，其他物品一律不应摆放，以免分散孩子的注意力。孩子学习时，也不要唠唠叨叨、问这问那，更不要在孩子学习的房间接待客人，干扰孩子，使他无法集中注意力。

"老师讲的什么"——孩子不会听课该如何引导

很多孩子非常聪明，但就是上课静不下心来，东张西望，手脚乱动，对老师的话充耳不闻。对于这个问题，很多妈妈都很苦恼，但又显得束手无策。一次家长会上，在交流教子经验的时候，一位妈妈曾无奈地说：

> 我儿子今年 9 岁，生性好动，做什么事总是不能专心，比
> 如吃饭时他会拿个杯子玩，不好好吃饭。尤其是上课更是不能
> 专心听课，老师说他拿支铅笔都能玩 20 分钟，而且还经常上课
> 说话、做小动作，所以学习成绩也一直上不去，这让我很担心，
> 我真不知道该怎么办才好？

当然，也有的妈妈认为孩子不专心听课也属正常，毕竟孩子还小，心智不够成熟，哪能百分百地在整节课上集中注意力呢？的确，刚上学的孩子，能够集中注意力的时间往往也就十几分钟左右。到了 3~4 年级时，孩子的自控能力虽然开始增强，但注意力也很难维持半小时以上。不过，如果别的孩子普遍能坚持半小时，而你的孩子却连 10 分钟都坐不住，那就要引起重视了，如果这种情况继续下去的话，孩子听课效率就会大打折扣，学习成绩必然受到影响。因此，对于孩子听课不专心的问题，妈妈们一定要重视起来。

那么，妈妈该如何帮助孩子集中精力、专心听讲呢？下面介绍一些方法供妈妈们参考：

方法一：妈妈要以身作则

我们都知道，妈妈是孩子的学习对象，如果妈妈想要孩子专心看书，而自己却一边看电视一边看书，孩子就很难不学父母。如果你自己都做不到，就没有理由要求孩子做到。因此，要让孩子养成专心做事的习惯，妈妈就得从自己做起，比如，有始有终地完成一件事，而不是想到什么

就做什么；当你做某件事时，尽可能做到一心一意，而不是一边大声谈笑一边做事。

总之，以身作则，是妈妈对孩子最好的教育。如果你希望孩子拥有某种品质，不妨先培养自己拥有这种品质。如果你希望孩子成为什么样的人，不妨先让自己成为这样的人。

方法二：一次只做一件事

由于孩子的记忆力还很有限，所以丢三落四就成了常事，这种情况下，妈妈就应该引导孩子一次只完成一件事情，但是必须做到有头有尾、有始有终。因为一次只做一件事，目标就会非常明确，孩子不仅会安排得很好，也更有信心去完成。如果孩子能够将这一习惯持续下去的话，相信注意力集中的状况会大有改善，以后的学习也会变得更加轻松愉悦。相反，如果孩子做任何事情都是三心二意，不能集中注意力，那么就不会获得什么进展，也很难从中获得满足和成就。

方法三：营造良好的学习环境

孩子的注意力跟学习环境有很大的关系，为此妈妈应该为孩子创造一个平和、安宁、温馨的学习环境，这样有助于孩子更好地集中注意力。比如，孩子写作业时，妈妈事先就要把书桌上与学习无关的东西收起来，避免孩子分散注意力；妈妈最好给孩子购买造型简单、功能单一的学习用品，避免孩子边玩边写。

第三部分

3~4 年级，
妈妈不可忽视的非智力因素

第七章

情商教育，决定孩子一生的智慧

每个妈妈都希望自己的孩子能够健康快乐地成长，并且希望自己的孩子能够乐观地对待生活，勇敢地面对困难，但是这些都有赖于孩子情商、心理素质的发展。情商的高低往往决定一个人的人生高度，因此，妈妈要重视孩子的情商教育，不要让情商缺陷成为孩子日后发展的羁绊。

3~4年级，最重要的是激发孩子的进取心

一些妈妈反映孩子平时不求上进，对成绩好坏、表扬批评皆反应平平，表现好也不激动，表现差也不着急，总觉得自己"比上不足，比下有余"。有些妈妈给孩子敲警钟，孩子还会不服气地顶撞一句："还有比我更差的呢！"这些都是孩子缺乏进取心的表现。有很多妈妈甚至抱怨："孩子成绩差，一两次没考好没有关系，但让我失望的是，我家的孩子没

有一点进取心！"确实，孩子在学校里成绩差，表现不好，这些都不要紧，但孩子经常"破罐子破摔"，没有一点儿学习动力，这就要引起妈妈的重视了。缺乏进取心的孩子势必会变得懒散，没有目标，日后生活也会像一盘散沙一样，碌碌无为。

的确，一个孩子长大成人后究竟能取得多大的成就，某种程度上取决于他的进取心是否强烈。可以说，每一位妈妈都希望自己的孩子具备一定的进取心，特别是在3~4年级——孩子的个性特征、日常习惯正逐渐形成的关键时期，如果这时候缺乏进取心，以后想激发都很困难。

那么，当孩子缺乏进取心的时候，妈妈该怎么办呢？首先，作为孩子成长中最重要的引路人，妈妈不能因为孩子不上进就对孩子失去信心。无论什么时候，妈妈都不要放弃孩子，多从内心里真正地赏识、相信孩子。多鼓励孩子，用妈妈真挚的爱向孩子传递对他的期望，孩子才能从中获得鼓舞和信心，从而努力变得更好。

邓萍的女儿今年9岁，她从小学三年级起就开始学钢琴，由于好胜心强，所以一直刻苦努力练习。当时班级里有一个女孩也学钢琴，两个人经常同台竞技，一争高下。在学校的一次联欢会上，那个女孩弹奏了一曲《蓝色多瑙河》，邓萍的女儿一听，立马对妈妈说："妈妈，我要好好练琴，立志超过她！"

妈妈觉得女儿有上进心是件好事情，于是全力支持。女儿也是一个很自觉的孩子，一方面天分不错，另一方面她把练琴当作一门功课来对待。最后经过不懈的努力，终于通过了三级考试。

邓萍说："其实，我支持女儿学琴考级只是为了让她锻炼意志力，鼓励孩子的上进心。"

由此可以看出，妈妈的鼓励最能激发孩子的进取心，但应该注意的是，对于已经具有一定思维能力的3~4年级孩子，妈妈一定不要经常反复地对他们说类似"你真棒"这种赞美的话。只有把握好鼓励的技巧与方法，才能取得事半功倍的效果。要让孩子具有进取心，最重要的是让孩子感受到妈妈的信任和支持，为此妈妈可以尝试用以下方法培养孩子的进取心：

方法一：用"成就感"激发孩子进步

很多时候，孩子表现好时，妈妈没有看见或没及时给予赞赏和鼓励，让孩子很失落；而孩子表现差或做错事时，却很容易被妈妈发现，结果还常常被妈妈训斥一顿，这往往会让孩子很不服气。为此，妈妈应该特别注意，当孩子表现好时，作为妈妈一定要及时发现并倾听孩子表达的喜悦，多鼓舞他，有必要时还可以给予适当的奖励。这样孩子才会觉得你很在乎他，从而获得心理上的安慰与满足，今后也才会更加努力表现，增强进取心。

相反，如果妈妈认为孩子完全是瞎猫碰上死耗子，对孩子的表现不屑一顾，或是怕孩子骄傲而不在意或鞭策他，那么很可能会让孩子受到打击，变得对自己缺乏自信，这样孩子难得的进取心也会越来越不足。

当然，在这个过程中，妈妈也要把握好赏识的度，不能一味地赏识孩子的优点和长处，而忽视缺点。平时生活中要多鼓励孩子积极参与竞争，以此激励他们的好胜欲望，激发自己的潜能，获得更大的进步。

方法二：多从正面、积极的角度肯定孩子

生活中，很多妈妈总喜欢拿别人家的孩子和自己的孩子做比较，尤其是在考试成绩这件事上，经常会有意无意地说出这样一些话："你看看×××考了多少分，而你呢？"虽说妈妈的出发点是好的，然而，这样一句话却很容易打击孩子的积极性和上进心。其实，明智的妈妈更应该这样说："我知道这段时间你确实很用功，成绩有了很大的进步，我为你的付出和努力感到骄傲。"

妈妈们应该意识到，3~4年级的孩子自尊心都比较强，他们非常希望能得到妈妈的尊重与肯定。因此，对于孩子的任何一点儿进步，妈妈首先应该给予正面、积极的鼓励，在此基础上，再指出孩子存在的问题及自己的建议，孩子自然很容易接受。相反，当孩子的成绩有所进步，但并非名列前茅时，如果妈妈仍然只盯着孩子的不足，那么孩子就会无心分享自己的快乐，心里也会因为得不到妈妈的认可而变得消极起来，觉得自己什么都做不好。所以，无论什么时候，妈妈都要学会肯定孩子，激发孩子的进取心。

方法三：尊重孩子，多听听孩子的建议

3~4年级的孩子已经有了强烈的自主意识，如果妈妈还像以前那样事事管着孩子，处处约束孩子，总是批评孩子，那么很容易让孩子产生逆反心理，伤害孩子的自尊心。对于3~4年级的孩子，在日常教育中，妈妈要多和孩子交流，多听听孩子的建议和想法。如果孩子的建议合理，妈妈就应当尊重孩子的意见。当孩子感受到了尊重，生活、学习自然都会感到愉悦，更重要的是，进取心也会逐渐培养起来。一位妈妈在这方面就做得比较好：

有一次，学校组织去旅游，大概需要三四天的时间，考虑到虽然正值夏天，但早晚还是有点凉，我就给儿子准备了夏装和单薄的春装。临行前，我专门问儿子："你觉得应该穿什么衣服呢？"儿子想了想，然后说："现在天气虽然很热，但偶尔还是有点凉，要不带套短袖，带套长袖吧。"最后我采纳了他的意见，看得出儿子非常高兴。有了这次经历，我发现儿子仿佛细心了很多，知道自己照顾自己了。

3~4 年级的孩子大多有自己的想法和主见，所以妈妈一定要避免说教。相反，如果孩子有合理的建议，妈妈若是能积极采纳，则会更有成效。

融入集体——帮孩子搞好"伙伴关系"

经常听到一些妈妈叹着气说：自家的孩子老实巴交，不招谁不惹谁，为什么在学校里还总是被欺负？按理说，这个年龄段的孩子活泼好动、天真无邪，应该很容易交朋友。可实际上，有些孩子因为不会交往所以常常受欺负，他们没有学会如何处理和同学之间的关系。其实，学会与他人相处是孩子情商教育的重要内容之一，孩子能否正确感受到他人情绪的变化、能否和他人融洽地沟通合作，这些都体现了孩子情商的高低。

一个交往能力强的孩子，在其日后的生活中，在人际关系的处理上会更加融洽，能够更好地与他人合作，也更容易获得他人的帮助。所以从小培养孩子的交往能力，帮助孩子搞好"伙伴关系"非常重要。一位妈妈向我们分享了她在这方面的心得：

丽丽是个小学三年级的学生，学习成绩不错，人也很外向开朗，可谓老师眼里的好学生。但是丽丽的妈妈却发现最近一段时间丽丽很不快乐，回到家总是一副闷闷不乐的样子。

有一天，妈妈问丽丽："你最近怎么了，是不是有什么心事，可不可以告诉妈妈，我和你一起想办法。"谁知道丽丽听到妈妈的话，一下子就哭了。原来，丽丽虽然是一个好学生，成绩也很好，但是同学们却并不怎么喜欢她，甚至连她的两个好朋友敏敏和佳佳也都疏远她了。

"妈妈，她们都说我爱嫉妒人，见不得她们成绩比我考得好。她们还说我喜欢出风头，总是自以为是，喜欢在老师面前表现自己，可是我没有错啊。她们还说我很自私，不喜欢帮助同学，可是我也不知道同学需要什么帮助，我作为学习委员每次收作业，他们都很不配合，我也不知道该怎么办了！"

听了丽丽的这番诉苦，妈妈没有为女儿打抱不平，而是意识到问题可能出在孩子亲和力的缺失上。于是妈妈耐心地帮助女儿分析问题，并帮助女儿想办法："丽丽，你首先要改变说话的态度，你想想你是不是每次收作业的时候，语气都很冲，很高傲啊？"丽丽点点头。

"你是应该在工作中以身作则，但是要注意你的言行。同学们不是讨厌你，他们只是不喜欢你说话的语气。还有，敏敏和佳佳她们要是考得比你好，你不应该嫉妒她们，应该分析一下你没有考好的原因，下次努力就行了。如果同学有什么困难，你也要伸出你的援助之手，比如说今天佳佳身体不舒服，正好轮到她值日，你可以给她帮忙啊。帮助同学不是说让你做出多么伟大的事情，而是要从身边的小事做起来关爱同学，知道吗？至于你上课喜欢积极举手发言，这是没有错的，但是你一定要记住，不要太张扬，要谦虚，你说是不？"听完妈妈的话，丽丽脸上露出了微笑。果然一段时间之后，妈妈发现佳佳和敏敏又到家里来玩了，丽丽的笑容也回来了。

除了学习之外，很多3~4年级的孩子在交往上的表现也常常让人担忧：他们往往以自我为中心，不懂得尊重父母，不会感恩老师，不会关心同学；还有一些孩子在陌生人面前不敢说话，甚至与班里的同学也说不上几句话，显得非常不合群。试想，这样的孩子怎么能融入集体？

美国教育家卡耐基说过一句话："一个成功者，专业知识所起的作用是15%，而交际能力却占85%。"其实，一个人生活在社会中，如果欠缺交往能力，无法融入社会，经常以自我为中心，是很难获得成功的。可以说，以"自我为中心"是一个人成功的路障，即使满腹经纶在社会上也很难立足，更无法发挥自己的优势。

一般来说，孩子三四岁的时候，以自我为中心的表现最为强烈，但是那时的孩子尚处在幼儿期，这也是一种正常的现象，妈妈只需要经常提醒孩子即可，并不需要过于介意。但是到了3~4年级，孩子的独立性逐渐表现出来，社交圈也正在经历由家庭到学校的转移，而这次转移的效果如何，对孩子日后能否与人融洽交往影响重大。如果孩子在这个过程中，和同学、老师建立起良好的关系，相处融洽，那么孩子以后走向社会，在人际交往中的能力就会很强。反之，孩子可能会一辈子都害怕与其他人打交道。

所以，如果孩子以自我为中心的行为很严重，妈妈就要想想办法了，否则不仅会影响孩子与他人之间的关系，还会影响其社会适应能力的发展。因此，除了充分理解孩子的行为之外，妈妈也要采取恰当的措施正确地引导孩子，帮助他们走出以自我为中心的误区。

作为家庭教育的主要负责人，在培养孩子的交际能力，帮助孩子处理好"伙伴关系"时，妈妈有义不容辞的责任。当然这也需要妈妈发挥自己的聪明才智正确地引导孩子。为此，这里给妈妈以下几点建议：

建议一：帮助孩子克服以自我为中心的心理

很多孩子常常以自我为中心，从不为其他人考虑。实际上，在生活中，一个人赢得朋友需要一定的资本和努力，在一个班级中也是如此。一个学习成绩一般但会交往的孩子，他的人缘要比学习好但不会交往的孩子更好。

> 豆豆今年读四年级。在妈妈眼中，他是一个健康、活泼、可爱的好孩子。可是，最近老师经常反映说豆豆不合群。当时妈妈也没太在意，觉得只要孩子学习成绩好，朋友多少无所谓，反正都是小孩子。可是后来这种情况越来越严重，老师告诉豆豆的妈妈，班级搞集体活动时都没人愿意跟豆豆分到一组，同学们都觉得豆豆只考虑自己、自私自利。

很显然，豆豆在学校里因为自私自利，没有人愿意和他交往。而他的妈妈也因为没有意识到这一点，而没能及时引导和帮助孩子走出困境，导致孩子与同学的关系越来越差。

孩子以自我为中心，很多时候和妈妈的教育失误有关，有些妈妈在教育孩子时存在一些错误的观念：比如有的妈妈因为害怕孩子会吃亏，便教育孩子什么事都要先为自己着想，这会导致孩子成为一个自私自利的人。试想，如果每个妈妈都这么教育孩子，孩子们在集体生活中，一点亏都不肯吃，那么班集体也就名存实亡，班集活动也将无法展开。

所以，为了孩子能融入集体，培养集体意识，也为孩子将来能更好地适应社会，作为妈妈，首先应该改变自己的利己观念，树立正确的观念，把对孩子的爱和严格要求有机地结合起来，让孩子能时常考虑别人的需要，绝不能过于宠爱孩子，任其随心所欲、横行霸道。

建议二：培养孩子的换位思考能力

现在的孩子多是独生子女，从小就以自我为中心，在人际交往中不能很好地权衡与他人的关系，缺乏换位思考的能力。为此，妈妈一定要培养孩子的换位思考能力，让他们更好地融入集体生活。

3~4 年级的孩子已经具备了如何与人相处的心理素质与行为能力，遇到问题时，他们也有能力站在别人的角度思考问题。例如，有的孩子与同学发生争执时，会偷偷地把一张写有脏话的字条贴在这个同学的背上，让其出丑。对此，妈妈要借机告诉他学会换位思考："如果你背后被人贴了一张带有脏话的纸条，一路被人嘲笑，你会不会生气？"而不是以简单粗暴的打骂来惩罚孩子以期望孩子能改正。孩子通过换位思考，很容易意识到自己错了，就会乖乖地去找同学道歉。

总之，在日常生活中，妈妈应该多抓住机会引导孩子理解别人的想法与感受，培养孩子换位思考的能力，让他们学会理解和宽容别人。

建议三：培养孩子的亲和力，给孩子塑造一个好人缘

不管是在生活中，还是在工作中，我们都喜欢有礼貌、具有亲和力的人，因为他们会给我们带来愉快的感觉。一个人的亲和力不是天生就有的，而是需要后天培养的。而且亲和力也是爱心的一种流露，有爱心的人才会更具有亲和力。

在人际交往中，人们往往存在一种倾向，即对于自己较为亲近的对象会更加乐于接近。所以，一个具有亲和力的人，在人际交往中无疑会更有好人缘，身边也会有一大群知心的朋友帮忙。

孩子亲和力的培养不仅需要一个过程，也需要妈妈在日常生活中用心去培养。为此妈妈要让孩子学会尊重别人的想法和劳动成果；学会求同存异，不要强求别人接受自己的想法和做法，而是尝试着去理解别人的思想。只有这样，遇见矛盾时才能更好地化解矛盾，与他人相处时才会更愉快。

同时，妈妈还要让孩子学会感恩，让孩子明白，对于别人给予自己的帮助，不要冷漠地对待，而是要及时地表达自己的感激之情。只有你热情地回应别人，别人才会更愿意和你交往，以后才会继续帮助你。如果你总是以冷漠的态度对待他人，不知感恩，别人便会认为你不好相处，时间久了，自然会渐渐地疏远你。而且妈妈还要教育孩子，凡事不要斤斤计较，吃点亏没什么，培养孩子多为别人着想的意识。这样，亲和力和好人缘自然会随之而来。

自信心——让孩子永远昂首挺胸

在人一生的发展中，自信心是非常重要的。自信的孩子在学习、生活以及人际交往中往往表现得更加出色。但是，在日常生活中总有一些孩子非常不自信，他们经常抱怨说"我不行！""我做不到！""我害怕失败！"，而且他们的行为也经常表现出扭捏、胆小、畏缩、不敢大声说话的一面。

比如，一个妈妈在谈起她的孩子时曾这样说：

> 期中考试成绩下来了，女儿本来以为这次英语考试自己发挥得不错，结果却不是很理想。放学回到家，我看到她垂着头，一脸沮丧。如果是以前，考不好她也不会太在意，但是这一年来，女儿在学习上一直很刻苦，尤其是在英语上花了很多工夫，成绩不理想对她打击很大。
>
> 我怕孩子的学习压力太大，于是经常宽慰她这次没有考好不代表以后都考不好，千万不要灰心。但是接连几次的挫败还是让她背上了沉重的思想包袱，孩子整天忧心忡忡、一筹莫展，和同学在一起也总是流露出一丝自卑感与失落感。

3~4 年级的孩子，本该活泼开朗，充满自信。可是有些孩子总是因为学习成绩不够好，个子不够高，长相不够漂亮，家庭环境不好，自己能力没有别人强等原因，觉得自己比别人"矮一截"，自卑得抬不起头来。尽管不少妈妈能够意识到自信心对于孩子的重要性，可是却经常做着扼杀孩子自信心的事情。比如，孩子拉小提琴时，练习了很久还是出错，妈妈便着急地说："你怎么这么笨啊！"还有的妈妈见孩子总是做不好，瞬间就会提高嗓门，大声吼叫。这些做法都是非常不可取的。自信心的培养是孩子成长的关键，它比知识的积累要重要得多。而且自信心的树立需要父母给予孩子积极的鼓励、支持以及正面的评价。

> 麦奇是一名垒球队的队员。一天，教练让队员们排成一行，练习击球。其他队员都练得很好，只是麦奇经常击不中目标。于是，队里其他的孩子就开始议论："麦奇不是打垒球的料。"后来，这样的话传到了麦奇的耳朵里，他感到非常懊恼和沮丧，向教练提出了离开垒球队的请求。
>
> 教练一脸平静对他说："其实，你并不是不能打全球，而是你的手套出了问题。"随后，教练给了麦奇一副新手套，并鼓励他说："戴上它，你会成为最优秀的垒球手。"结果，麦奇没有令教练失望，他最终成为垒球队里最优秀的队员。

也许很多人会认为麦奇之所以成为最优秀的队员，与神奇的手套有关。其实，手套并没有什么魔力，真正产生魔力的是教练的鼓励。麦奇正是在教练的激励下产生了自信，最终通过自己的努力实现了梦想。

所以，妈妈在培养孩子自信心的时候，一定要给予孩子恰当的鼓励，避免指责和批评孩子。有的妈妈对孩子过于严厉，让孩子感到无所适从。对此，建议这些妈妈不妨改变一下自己的说话方式。比如，当你忍不住要批评孩子"你怎么这么笨"时，不如说："你要是再认真一点，可能会做得更好。"作为妈妈，我们要随时看到孩子的优点，并及时加以鼓励，这样孩子才能在自信中拥抱灿烂的未来。

下面为妈妈们介绍几种培养孩子自信的方法：

方法一：妈妈用自己的言行去感染孩子

在日常生活中，妈妈的一言一行总会无形中影响到孩子内心的想法，会对孩子的自信心产生影响。

如果妈妈对待某些事情时总是过于担心，将各种不愉快的表情全部写在脸上，那么你的忧虑搞不好会使孩子陷入恐慌状态。哪怕是一点点小事，孩子也会产生畏惧、自卑的心理。相反，如果妈妈积极乐观，孩子每天也都会生活得轻松自在，不受任何困扰，自然也就能拥有一个自信的心态。

方法二：相信孩子，多说"你能行"

不少妈妈总是觉得自己的孩子还小，需要呵护，所以从心底里放不下孩子。妈妈的这种想法不仅直接影响到教育孩子的方式，对孩子的健康成长也会产生不利的影响。

其实每个孩子都有一颗上进的心，妈妈应该相信孩子，孩子做什么事情，不管成与败，都应该当作是给孩子一次人生的体验。并且，妈妈要经常对孩子说："我相信你能行。"不管多么胆怯的孩子，听到这句话都会像看见了阳光一样，顿时自信十足，从而有力量去做得更好。

方法三：正确对待孩子的失败与挫折

在人的一生中，不可避免地要经历失败和挫折，3~4 年级的孩子也不例外。因此，作为妈妈，一定要对孩子的失败和错误怀有一颗宽容的心。要知道，当孩子考试失败或遇到其他挫折时，最需要的是生活中最重要的人的理解、支持与鼓励，因为这能极大地激发孩子克服困难的勇气，恢复自信心；而绝对不是妈妈劈头盖脸的一顿训斥，或者阴阳怪气的嘲讽。

因此，妈妈首先要冷静地对待孩子的挫折与失败，心平气和地和孩子谈心，找出孩子失败的原因。其次，妈妈要理解孩子的心情与苦恼，给孩子鼓励和支持，告诉孩子失败与挫折是不可避免的，也是人生的一次历练，是一个人成功之前必不可少的过程。同时妈妈还要让孩子明白你不会因为他的一次失败就减少对他的爱，无论怎样妈妈都依然爱他，相信他能做得很好。

相反，如果妈妈在孩子遇到失败或其他挫折时，动不动就表现得非常情绪化，将孩子训斥一顿，对于承受失败打击能力较差的孩子来说，这只会极大地挫伤他们的自信心。

方法四：鼓励孩子多参加体育运动，增强自信心

现在的孩子大部分都是独生子女，妈妈往往对其呵护有加，甚至在潜意识里不希望孩子过多地参加体育运动。在这些妈妈看来，过多地参加体育活动会影响到孩子的正常学习，而且体育运动存在一定的危险性，孩子容易受到伤害。其实，妈妈的这种看法很容易在潜移默化中影响到孩子，使那些原本就有畏缩情绪的孩子更有理由退缩了。

我们当然不鼓励孩子随意去冒险，进行一些危险的游戏，但是妈妈们要明白，过度保护孩子或许可以让他们少受一点儿皮肉之苦，但是也会因此让孩子的性格变得更加软弱，将来难以面对大的挑战而受挫丧失自信。

事实上，孩子在体育运动中所锻炼出来的勇气、自信，对其日后的

发展有很大的好处。美国华尔街证券交易所中，最好的经纪人往往是运动员出身，这不仅仅是因为他们拥有一般人所没有的强壮体魄，可以应付高强度的工作压力，更重要的是他们拥有超越一般人的心理素质，反应敏捷，自信而有魄力，勇于做决断，所以他们理所当然地满足了这项工作的要求。

现代社会是一个竞争的社会。现在的乖宝宝，或许以后就是社会上柔弱的羔羊。妈妈们不妨让孩子从小吃点苦，受点累，而体育运动则是最适合磨练孩子毅力和自信的方式。

乐观——让孩子学会微笑待人

儿童心理学家马丁·塞利格曼认为："乐观不但是迷人的性格特征，还有更神奇的功能，它能使人对生活中的许多困难产生心理免疫力。乐观的孩子不易患忧郁症，他们也更容易成功，身体也比悲观的孩子更健康。"英国作家狄更斯也说过："一个健全的心态，比一百种智慧都有力量。"可见积极的心态对每个孩子的一生都很重要。有这样一个故事：

两个小女孩是邻居，也是同班同学，她们的妈妈都在一家工厂上班，彼此都认识。楼上的那家妈妈在教育自己的孩子时，没有把孩子的学习成绩看得太重，但总是教育女孩要努力，要用乐观的心态看待自己的成绩。在生活中也是一样，他们教导孩子要快乐生活，乐于助人，微笑面对一切事情。所以这家的女孩总是满脸笑容，活像一个小天使，走到哪里都能给别人带去快乐和阳光。

而楼下那家的妈妈总是一副郁郁不得志的模样，对孩子也从来不鼓励，孩子要是考试成绩不好了，就打骂，说孩子笨。所以这个小女孩总是生活在黑暗中，一副灰姑娘的模样，看不见阳光，郁郁寡欢。

有一天晚上，孩子的妈妈都还在下班回家的途中，突然发生了地震，两个女孩都被掩埋在了废墟之下。刚开始两个人都很害怕，但是楼上的那个小女孩很快就镇定下来，相信爸爸妈妈一定会想办法来救自己，她记起爸爸经常给她讲的那些乐观的故事，就心平气和地保持体力，乐观地等待救援。而楼下的那个小女孩一直处于恐惧之中，绝望地哭泣。最终，楼上的女孩被救，而楼下的那个小女孩因为恐惧和过于绝望，当救援人员找到她的时候，已经停止了呼吸。

相信看过这个故事之后，很多妈妈都会唏嘘不已。悲观消极的心态会严重影响孩子的健康成长，由于悲观，孩子会看不到生活中美好的一面，并且不能给自己和别人带来快乐，严重者还会造成心理疾病。

然而生活中却不乏悲观消极的孩子，比如一次考试成绩差就说"我再也考不好了"，被老师批评一次就说"我不想上学了，真没意思"，一次钢琴弹不好就说"我看弹钢琴不适合我"，等等，这都不是好现象，妈妈应该重视起来，并适时地开导孩子。

其实，在家庭教育中，孩子的心态是否健康首先源自妈妈。举个例子，有时候孩子考试没考好，本来情绪就不好，妈妈不但不鼓励，还斥责孩子，这就使孩子的坏情绪雪上加霜，长此以往，必然会对孩子的性格产生消极的影响。相反，在孩子遭遇挫折而悲观的时候，妈妈如果及时给予孩子鼓励和引导，让孩子的心情重见阳光，那势必有助于孩子建立起乐观的心态。

对此，李然的妈妈就有着深刻的体会：

平时儿子的英语成绩一直都很不错，但是上次儿子的英语考试却没有考好，因为这件事儿子还沮丧了好长时间。我就和儿子讲道理，这次没考好，没有关系，正好可以反思一下自己的失误在哪里。中午的时候，我又特意陪他读了一篇关于中国体操运动员桑兰的故事。

1998 年 7 月 22 日晚，17 岁的中国体操队队员桑兰在第四届美国友好运动会上意外受伤，然而，正是这个意外让她成了当时全世界最受关注的人。

当时，桑兰正在进行比赛之前的热身运动，可是，就在她起跳的一瞬间，突然受到外界干扰，导致她动作变形，从高空重重地栽到地上，更可怕的是，她的头先着地，造成颈椎骨折，胸部以下高位截瘫。

然而，这个笑容甜美、个性温顺的江南姑娘在遭受如此重大的变故后却表现出惊人的乐观精神。她的主治医生说："桑兰表现得非常乐观、勇敢，她从来没有抱怨过什么。就算是知道自己再也站不起来了，她也绝不后悔练体操。"

桑兰自己也说："我对自己有信心，我永远不会放弃希望。"后来，越来越多的人被桑兰的乐观精神所感动，美国院方还称她为"伟大的中国人民的光辉形象"。儿子被这个故事深深触动，之前的坏情绪渐渐消散了。

为此我始终认为只要孩子有乐观的心态，努力做好眼前的事情，一时成绩的好坏其实真的并不重要。

孩子也和成人一样会有乐观或悲观的情绪，但偏重于以哪种态度来为人处事，妈妈对孩子的教育方式尤为重要。生活中，悲观的妈妈很容易带出一个悲观的孩子。所以，妈妈在培养孩子的乐观情绪时，一定要从自身做起，做到乐观地面对人生，要记住你的好心态是可以感染到孩子的。

据科学家研究发现，情绪会通过大脑影响人的心理活动和生理活动，它对人的心率、血压、呼吸、节律、肠胃蠕动、血管收缩、汗腺分泌、皮肤电阻等人体的功能状态都会有明显的影响。而积极的情绪能提高孩子大脑皮层的张力，通过神经生理机制，保持机体内外环境的平衡与协调。所以，乐观的孩子在遇到困难时，不管是学习上还是生活上，这种积极的精神状态都能赐予他们神秘的力量。

那么，作为妈妈，又该如何培养孩子乐观的生活态度呢？

方法一：引导孩子发泄自己的不良情绪

我们都知道，孩子和大人一样，都会有不良情绪。尤其是对于3~4年级的孩子来说，学习负担过重，学习成绩不理想，父母管教太严，家庭生活中的矛盾，同学之间的冲突、矛盾，以及自身生理发育等因素，都可能会给他们带来一些压力，时间久了，就会表现出情绪低落、郁郁寡欢的一面。

但是孩子并不会像大人那样理性地表达自己的情绪，或者理性地寻找解决问题的方法。也许有些孩子可能会将这些心理阴影埋在心里，时间久了，不仅影响他们的身心健康发展，还会给家庭乃至社会带来危害；也许有些孩子可能会通过摔打东西，甚至是打其他同学来发泄。

因此，作为妈妈，一定要多站在孩子的角度思考问题，引导孩子正确地发泄自己的情绪。事实上，通过引导孩子发泄自己的负面情绪，不仅可以帮助孩子克服心理压力，保持身心愉悦，还能培养孩子的自控能力。

为此，妈妈可以在家里给孩子设立一个"出气角"，在里面摆放一些毛绒玩具，然后跟孩子约定，当你心情郁闷时，就可以到这个"出气角"发泄自己的不满，但是在外面不准打人、不准摔东西。同时，也可以引导孩子对着他们喜欢的某一物件诉说自己的心里话，当然诉说的对象最好是父母。很多时候，诉说不仅是一种很好的情绪发泄的途径，也可以让孩子学会如何控制自己的情绪，更加从容地应对困难。

方法二：不要把自己的坏情绪带给孩子

有时候妈妈在工作中不顺心，回来便对孩子发无名火。这种情况特别容易打击孩子的心理，因为孩子会把妈妈的恼火归咎为自己的错误，但他又不知道自己错在哪儿，于是只好全盘否定自己，长久下去孩子极易形成自责、退缩的心理，所以妈妈在平时要注意自己的一言一行，多给孩子正面、愉快的心理暗示。

举个例子，当我们工作的时候可以给孩子一个合理的解释，比如向孩子说："现在妈妈要起草一份材料，妈妈的工作很忙。"孩子会觉得妈妈很能干，工作也很重要，所以不去打扰妈妈。但如果我们对孩子说：

"真可恶，妈妈还得起草一份该死的材料。"孩子会觉得妈妈不情愿写材料而又不得不写，这样就会反馈给孩子一个不快乐的阴影。因此，妈妈在遭遇困难时能否乐观面对，对培养孩子的品质至关重要。

方法三：让孩子多与外界接触，开拓孩子的视野

乐观的人可以坦然地面对成功和失败，痛苦与幸福。现在的孩子大多在温室中长大，经历的风雨不多，意识不到艰难的存在，更别说怎么去面对了。妈妈应该让孩子多接触各类事物，接触的事情多了，见多识广，心胸自然就开阔，就不容易产生悲观情绪。比如，多让孩子参加各种活动，及时与孩子交流对活动的看法，引导孩子以开阔的胸怀处理遇到的事情等等。

持之以恒——孩子一生成功的牢固基础

现如今大多数孩子都是独生子女，妈妈有时难免会过度呵护，这就导致大多数孩子普遍缺乏恒心。于是，他们经常是一学习就叫累；做作业怕麻烦；学习书法或画画、练舞蹈等特长时，没几天就腻烦；一会儿想学这，一会儿想学那，最终一事无成。

一位妈妈在说起孩子的恒心时，就深有感触地说：

儿子有个同学，学习成绩非常好，但是据我了解，他的家庭条件并不好，也看不出他是多么聪明的孩子，之所以能有这么好的成绩，我认为原因就在于这个孩子平时做事很有恒心。

那次参加奥数班时，他来我家和儿子一起复习课程。我给他们每个人准备了 20 道题目。做了快一半的时候，我有事出去了。当我回来的时候却看见儿子在空调房里看电视，而这个孩子仍然满头大汗地做着题。我问他，这么热怎么不去空调房休息？他傻呵呵地说："还没做完呢。"这句话让我非常感动。看来"天道酬勤"，孩子能取得这么好的成绩，主要还是和恒心有很大的关系。

从这个例子中可以发现，有恒心的孩子在学习上往往强于没有恒心的孩子。如果孩子没有恒心，一遇到困难就会轻易放弃，更不要说取得好的成绩了。

那么，孩子为什么会缺乏恒心呢？首先如果孩子看不到目标的实现，就会很容易对某件事情失去兴趣。例如，有的孩子开始学习练字时往往兴致很高，可是一段时间下来，当他发现自己写的字进步不大时，很可能就会打"退堂鼓"。其次，没有恒心的孩子往往也怕困难，遇到问题就望而生畏，于是做事经常半途而废。再加上孩子年纪较小，好奇心比较重，兴趣容易转移，更容易"三天打鱼两天晒网"。

如果孩子缺乏恒心，妈妈首先要认真观察，客观分析孩子缺乏恒心的主要原因是什么，然后采取相应的对策。具体来说，妈妈在培养孩子的恒心时，要注意以下几个方面：

（1）要帮助孩子树立远大的理想。平时，可利用与孩子交流的机会，给孩子讲一些伟人坚持不懈，最终成功的典型故事，以此来感染教育孩子，给孩子树立一个榜样。

（2）要教育孩子重视小事，从小事做起，持之以恒。

（3）要善于运用表扬和激励的方式教育孩子。在培养孩子恒心的时候，妈妈要做个有心人，平时注意留心观察孩子的一举一动，一旦发现孩子有了持之以恒的表现，哪怕只有一点点的进步，都要及时给予肯定和表扬，久而久之，孩子的意志品质就会得到锻炼和培养。

除此之外，还有下面几种方法供妈妈们参考：

方法一：引导孩子做事要有始有终

很多时候，在孩子进行某项活动时，往往会因为困难或不感兴趣而不愿进行下去，这时妈妈应针对孩子面对的困难及时予以帮助，对于孩子的点滴进步要及时予以鼓励。这样一来，孩子对自己从事的某件事情或活动，就会产生愉悦感和自信心，从而坚定他们继续完成活动的决心。

方法二：让孩子学会自我监督

在培养孩子恒心的过程中，需要依靠孩子的自觉行为。也就是让孩子学会自我检查、监督。为此，可以先从妈妈的检查和鼓励开始。比如，妈妈与孩子一起确定某种活动、某个目标后，每天检查孩子的完成情况，并让孩子做自我评价。当孩子表现良好时，妈妈要积极给予鼓励；当孩子做得不好时，引导孩子积极改正。

同时，还可以为孩子画一张自我监督表格，让孩子对完成学习计划、养成良好行为习惯、某种活动目标等情况进行打分，并定期把这张表格交给老师，让老师更好地了解、鼓励孩子的自觉行为，并对孩子进行监督。这样，当孩子学会自我评价、自我监督后，也就逐渐养成了做事有始有终的习惯。

方法三：重视培养孩子的自制力

很多孩子由于年龄尚小，注意力不够稳定，自控力较差，所以做事时往往半途而废。为此，妈妈在引导和培养孩子恒心的时候，不妨从孩子的生活习惯方面入手，先提出一些在孩子的能力所及的氛围内的要求，鼓励孩子通过自己的努力完成任务。时间长了，不仅能起到培养孩子的自控力、约束自身行为的目的，而且还能帮助孩子养成做事有始有终的习惯。

避免嫉妒——让孩子具有良好的自我意识

嫉妒是一种不良的心理状态，是个体体验与他人之间存在强烈优越性差异而导致的一种心理冲突，会让人产生羞愧、不满、怨恨、愤怒等复杂情绪。孩子嫉妒心的产生大多是由于不能正确认知自己，他们只看到了别人的长处，并且拿别人的长处与自己的短处相比较。这就容易造成心理上的不平衡，从而影响心理的健康成长。

如果孩子的嫉妒心过强，会直接影响他的情绪，而不良的情绪又会大大降低学习的效率。另外，嫉妒心强的孩子还很难结交到知心的朋友，因为这种孩子往往争强好胜，总是想胜过同学，压倒同学，久而久之，同学、朋友都会远离他，自己也会感觉到寂寞、孤独。

让我们先看这样一个故事：

> 南南上小学 4 年级了，学习不错，也很听话，可有一点让妈妈很担心，那就是南南的嫉妒心特别强。

上幼儿园的时候，只要老师表扬了哪个小朋友，南南就会一天不和那个小朋友玩，老师要是表扬自己，南南就会一整天都笑嘻嘻的。只要老师给其他小朋友发了大红花，而没有给她发，南南就会哭闹不止。此外，南南还不许妈妈抱其他小孩，一次妈妈抱了生病的表妹，南南就大哭大闹。

后来南南上了小学，更是见不得别的同学比她优秀，甚至在穿着上也去比较。班上的雪雪穿了一件粉红色的连衣裙，赢得了同学们的一致赞美，结果南南放学一回家，就吵着让妈妈也给她买一样的裙子，不允许雪雪比她漂亮。

上个月的期中考试测试，隔壁娟娟的数学成绩比她高两分，南南回家后伤心不已，不仅如此，南南每天还总是找借口不和娟娟一起出门上学，每天晚上都努力复习到 12 点，还告诉妈妈说："不行，我要比她晚睡，要多复习一会儿，下次我一定不允许她再超过我了。"看着每天把自己弄得疲惫不堪的南南，妈妈不知道怎么办好，这孩子从小嫉妒心就强，现在更强了，以后可怎么办呢？

嫉妒是人的一种负面情绪，就像南南表现的那样。据美国儿童心理学家斯坦贝格的研究发现：嫉妒感可能最早出现在婴儿期，当不足周岁的婴儿看到母亲给其他婴儿哺乳时，会出现心率加快、面色潮红等不安反应，甚至哭闹起来。而孩子长大到学龄前的 5~6 岁时，嫉妒心理会更为明显。孩子上学后，随着相互比较的对象和机会的增多，嫉妒情绪和外在表现也多种多样。比如，老师夸奖了别的同学，他可能会很生气，甚至找同学的毛病。

对于 3~4 年级的孩子来说，他们的嫉妒不像成人那样隐蔽，往往具有一定的外露性、攻击性和破坏性。而且当孩子的嫉妒情绪发作时，也不会像大人那样自我控制和掩饰，他们往往只会直接表露出不高兴的情绪，根本不考虑场合及后果。关于孩子的这个特点，小涛的妈妈是这样说的：

> 虽然儿子在很多方面都很优秀，但他也有不足的一面，当我们夸奖别的孩子，或多关心别的孩子时，儿子可能就会闹情绪。一次，儿子姨妈家的孩子过来玩，吃饭的时候我一直给他夹菜，还称赞他学习好，结果儿子就不高兴了，最后甚至还非常生气地把碗摔在地上，弄得大家都非常尴尬。

英国哲学家培根曾说："嫉妒这恶魔总是在暗暗地、悄悄地毁掉人间的好东西。"莎士比亚也说："您要留心嫉妒啊，那是一个绿眼的妖魔！谁做了它的牺牲品，谁就要受它的玩弄。"

3~4 年级是孩子自我意识渐渐形成的关键时期，心理发展还处于不稳定状态，妈妈千万不要忽视孩子嫉妒的问题，而是要有意识地帮助孩子客观、正确地认识自己、评价自己、接纳自己。孩子也只有具备了良好的自我意识，才能形成对自身整体、客观的评价，提升自身心理及行为的控制能力。只有这样，才能从根本上消除孩子的嫉妒心。

为了更好地纠正孩子的嫉妒心理，妈妈可以从以下几点着手：

方法一：帮助孩子正确地认识自我

孩子之所以产生嫉妒心理，是因为他还不能全面地看待问题，不能对自己和他人进行正确的评价，这就要求妈妈在与孩子相处的过程中，要让孩子懂得"金无足赤，人无完人"的道理。每个人都有自己的长处，也有自己的不足。妈妈不但要正确认识孩子，还要帮助孩子形成正确的自我认识。

当孩子产生嫉妒心理的时候，妈妈应该积极开导，晓之以理、动之以情。3~4年级的孩子已经有了理性思维，妈妈的话如果合理，他们也是愿意听的，对于错误也会积极改正。

方法二：帮助孩子发现自己的长处，树立自信心

心理学家认为，缺乏自信的孩子往往更容易产生嫉妒心。为此妈妈必须帮助孩子树立自信心，让他学会全面地认识自己，既要看到自己的长处，又要学会正视与他人的差距。要让孩子意识到自己可能在某些方面确实不如别人，但是在另一些方面却能做得很好。妈妈要多鼓励孩子学会接纳自己，然后扬长避短，不断修炼和提高自己。

方法三：引导孩子树立正确的竞争意识

有嫉妒心的孩子都特别争强好胜，但是这种争强好胜的心理一旦过于强烈，就会扭曲孩子的心灵。所以妈妈应该帮助孩子树立正确的竞争意识，让他学会欣赏他人的优点，欣赏他人的成功，分享他人的快乐。此外，妈妈还要引导孩子通过自己的努力多与自己比较，看到自己的进步，而不是过多地与别人攀比。同时也要避免孩子采取一些不良的手段来获得暂时的成功，那是非常不可取的。

方法四：帮助孩子转化消极情绪

当孩子有了嫉妒心理的时候，妈妈千万不要批评和挖苦，而是要耐心地倾听，理解孩子心里的痛苦，让他的情绪得到合理的宣泄。然后妈妈可以帮助孩子分析问题产生的原因，帮助他把嫉妒转化为成功的驱动力，从而认识到自身的优点，明白失败只是暂时的，只要积极努力，就能取得成功。这样孩子内心的痛苦和不平衡就会慢慢消失，继而转化成一种成功的动力。

学会感恩——别让孩子成为不懂爱的自私鬼

我们常说"谁言寸草心，报得三春晖""滴水之恩，当涌泉相报"，这些说的都是感恩，但是现代文明社会里，很多孩子对感恩却似乎有点陌生。妈妈给了他生命，供他吃穿用度，但是孩子却不知回报，甚至有些孩子觉得妈妈生下我，就得为我付出；如果妈妈不听我的，或者自己不如同龄人，那就全是妈妈的错。这实在让人心痛。

其实很大程度上孩子不懂得感恩是因为妈妈在对待孩子的问题上总是过于自我牺牲。如妈妈溺爱孩子，只会让孩子养成以自我为中心，自私自利的性格。这样的孩子和一般的孩子相比，独占意识很强，只顾自己，不考虑他人，甚至争名夺利，做出损害他人的事。为此，在孩子的成长过程中，妈妈要注意引导他们逐渐认识到生活中除了自己以外，还有别人的存在，想到自己的同时，也要想到别人。一位妈妈在教子博客里曾这样分享自己的心得：

因为工作的缘故，有段时间，孩子一直让姥姥抚养。平时老人总是宠着孩子，什么好吃的都给他先吃，后来孩子回到我们身边后，这个毛病仍然没有纠正过来。我觉得再这样下去对孩子的健康成长会非常不利，于是便设法帮孩子改正这个毛病。

为此在家里我有意识地不给孩子特殊照顾，有好东西大家一起享用，有好吃的大家一起吃，让他感到在家庭中，他和我们都是一样的地位，而不仅仅是只有他一个人重要。

尤其是当我买回来美味食品时，孩子想"独吞"，我却只给他留下一包食品，其余的食品和家人一起分享。孩子不愿意，我就给他讲道理，但是坚决不妥协。慢慢地，孩子也逐渐适应了家庭的这种氛围，自私、小气的毛病就逐渐消失了。

作为妈妈，我们有责任也有义务让孩子懂得感恩，学会报恩，之所以这么做实质就是让他们懂得尊重别人，对别人的给予心存感激，从而让孩子学会关爱他人、帮助他人。事实也证明，孩子只有学会感恩，才能更好地与周围人相处和合作。以下是几点具体建议，希望对妈妈有所帮助：

方法一：妈妈要成为孩子的感恩榜样

妈妈是孩子的第一任老师，妈妈的一言一行对孩子的健康成长都有着深远的影响。孩子的感恩意识，不只是从书本上，更会从成人的世界中耳濡目染地去效仿。

为此，妈妈在日常生活中，要懂得用自己的"感恩"行为，潜移默化地熏陶孩子的感恩意识,给孩子做好感恩的榜样。比如,妈妈要懂得尊老敬老,善待朋友、同事,即便和亲密的爱人在一起也要多用"谢谢""对不起""请"等用语。妈妈的举足都会被孩子看在眼里,起到耳濡目染、潜移默化的作用。

方法二:让孩子学会珍惜他人的给予

生活中,很多妈妈在孩子还没有提出任何要求的时候,就已经提前为他考虑周全。在孩子看来,得到原来如此容易,也就不懂得珍惜,久而久之便养成了自私自利,不知道感恩的坏习惯。

其实,妈妈应该让孩子知道,即便是最简单的衣食、最质朴的关怀,也都是爸爸妈妈用自己辛勤的汗水换来的,为此妈妈在必要的时候应该让孩子受一些"苦",而不是孩子一提要求,妈妈就立即给予满足。在必要的时候,还应该让孩子体验一下生活的艰苦。

一位妈妈曾经这样对孩子进行感恩教育:

记得女儿8岁生日的时候,我和孩子商量,今天是你的生日,我们换一下角色怎么样?你做妈妈,我做女儿。女儿一听就兴高采烈地同意了。

刚开始,女儿开心极了,趾高气扬地让我写字,让我画画,我也高高兴兴地写字和画画。随后,我就开始对她提出要求,"妈妈,我要喝牛奶。"

"喝牛奶?"女儿立刻愣住了。我现在依然记得女儿当时惊愕的表情,她跑到厨房转了一圈,回来无奈地说:"妈妈,我不知道怎样把牛奶煮熟,没法儿给你牛奶喝,我们不换了。"于是我趁机对她进行了一番劳动艰辛和感恩的教育。

让孩子亲自感受一次为他人付出的不易，让孩子学会给予，懂得妈妈和别人的给予与帮助是一种恩泽，孩子自然就会懂得反思自己，渐渐地学会感恩。

第八章

3~4年级，培养孩子受益一生的好习惯

美国励志大师拿破仑·希尔说："播下一个行动，收获一种习惯；播下一种习惯，收获一种性格；播下一种性格，收获一种命运。"所以教育的本质可以归结为一句话：培养孩子良好的习惯。而好习惯的养成，则大部分来自于妈妈榜样的作用和正确的训练。

给孩子创造一个习惯养成的好环境

在孩子的学习过程中，经常会看到这样一个现象：有的孩子非常聪明，自身也有一定的天赋，学什么都是一学就会，但是学习成绩却很一般；相反，有的孩子虽然并不具有过人的天赋，但是他们的学习成绩总能稳居优秀的水平，其实这就是学习习惯在起作用。事实上，如果一个孩子在学习的过程中没有培养起良好的学习习惯或是纠正不良习惯，那

么即使他拥有聪明的头脑和良好的天赋，也很难取得优异的成绩。

某学校给四年级孩子的妈妈发了一份材料，具体介绍了当今孩子普遍存在的一些坏习惯，同时还向家长介绍了一些纠正孩子坏习惯的办法。据了解，大部分妈妈对这份材料都深表赞同。应该说，孩子的很多习惯都是在小学时养成的，而四年级又是培养孩子好习惯的一个关键时期。也就是说，如果妈妈能够抓住这一关键时期，并运用恰当的方法培养孩子的良好习惯，将十分有利于孩子日后的成长。相反，如果孩子身上的一些坏习惯不能及早纠正的话，对孩子的未来很可能会产生许多不良的影响。

我们知道在培养孩子养成好习惯的过程中，家庭对孩子的影响尤为明显。因为家庭是孩子健康成长的重要环境，而且相对于成年人，孩子更容易受家庭环境的影响。所以妈妈作为孩子最亲密的伙伴，平时更应该注意自己的一言一行。孩子的很多好习惯就是在温馨的家庭环境中潜移默化形成的。

宏宇今年上四年级，是一位品学兼优的好学生。他不但学习优秀，而且勤快、有礼貌、乐于助人，在很多家长和老师的眼中，他简直就是一个完美的孩子。

当然，宏宇的优秀与他的妈妈有着非常密切的关系。宏宇的妈妈是一位中学老师，本身就有气质和涵养，平时在家里也很注意培养孩子的方法。

日常生活中，宏宇妈妈在家从来都不看肥皂剧等电视节目，看得最多的是新闻以及自然科学等内容，而且从来不在孩子学习的时候看。

任何一个好习惯的培养都需要特定环境的熏陶和影响。可以说，这位妈妈之所以能培养出这么优秀的孩子，原因就在于她非常注意创造良好的家庭氛围。那么，妈妈又该如何为孩子创造良好的家庭环境呢？

方法一：创造好的家庭氛围，从妈妈开始

很多妈妈不解，现在的孩子学习条件这么好，为什么还有那么多的坏习惯呢？一个妈妈就经常这样说她的儿子："我为你投入了那么多，你怎么一点儿进步都没有呢？"

其实，家庭条件好并不等于家庭氛围好。而且某种意义上说，家庭条件的好坏对孩子的成长影响并不大。

我们在很多伟人、名人传记中经常会看到这样的经历：小时候虽然家里条件很差，但是孩子却非常乐观，积极向上。可以说，家庭氛围对孩子成长的重要影响是不容忽视的。

例如，有些妈妈的脾气不好，经常与家人发生争吵，家庭氛围如同战场一样，孩子在这样的环境下成长，长大后一定也极易成为一个敏感、没有安全感的人。所以，为了给孩子营造一个良好的家庭氛围，父母之间一定要互相宽容，尽量不要吵架；养成健康的生活习惯，比如不熬夜看电视，不经常睡懒觉等。同时，在家里也不妨建立一些规章制度或"约法三章"，比如父母和孩子轮流做好家里的清洁卫生，不讲粗话、脏话，不互相打骂等。

方法二：分析孩子的优缺点，准确定位

培养孩子的好习惯时，妈妈要从孩子的目标出发。这就需要妈妈客观地分析孩子的优缺点，给孩子一个准确的定位，并激励孩子不断地向目标努力。

为此，妈妈可采用横向比较法：让孩子和同龄人进行比较，看看自己与他人相比有什么优势和不足。需要注意的是，有些妈妈常常是一山望着一山高，动不动就会批评孩子不如他人，比如孩子贪睡时，妈妈可能会批评他"你看人家×××，怎么就比你勤快呢……"只看到别人家孩子的优点而看不见自己孩子的优势。同时妈妈还需要纵向进行比较：看看孩子现在是不是比以前进步了，今天是不是比昨天有了提高等。

方法三：拉近和孩子之间的距离，纠正孩子的不良习惯

平时妈妈要与孩子多沟通、多交流，在发现孩子的不良习惯时，要与孩子一起分析问题，并认真解决。为此，妈妈可以帮助孩子制订具体、明确、可行的纠正不良习惯的计划。同时，这个计划要尽量做到具体、细致、明确。有了计划，孩子在纠正不良习惯时就有了明确的目标和具体的实施步骤，这样就能增强孩子纠正习惯的主动性，减少盲目性。

习惯一：细心、认真

只要仔细留意，但凡事业有成的人，大部分做事都严谨细致，即使是那些看起来大大咧咧的人，也是"粗中有细"。古希腊有句名言"性格即命运"，那么性格又是如何养成的呢？答案是习惯，而"习惯"又是如何养成的呢？就是一次又一次地反复练习。这就是很多教育家为什么会始终强调的一点——"要从小养成好的习惯"这句话的原因所在。

为什么有的孩子从小到大总爱丢钥匙、钱包，或因为自己小小的失误而在重要考试时屡屡失分呢？这就是孩子马虎的不良习惯所致。

妈妈们不妨回忆一下，当你的孩子已经成长为 3~4 年级的"小大人"时，作为妈妈的你对待孩子是不是仍然热情过度，什么事都揽在自己身上呢？孩子的作业由妈妈检查，外加指导难题；孩子的书桌由妈妈整理，外加收拾书包；孩子上学由妈妈陪着，外加帮孩子背书包。这样下去，你的孩子总忘记带作业，时常丢三落四也就不奇怪了。

粗心大意的孩子，往往学习上马虎，写作业时不认真，考试时成绩不理想，同时在生活上也经常是丢三落四，还会出现很多不必要的麻烦。为了让孩子健康成长，妈妈必须教育和帮助他们克服这一缺点。

通常，导致孩子粗心的主要原因有这样几个方面：一是孩子的视觉记忆和辨识能力较弱；二是家长没有及时纠正孩子，久而久之就形成了孩子粗心的习惯；三是孩子缺乏责任心，做什么都心不在焉。

那么，妈妈们到底该怎样克服孩子粗心的弱点，帮他们培养起细心的习惯呢？下面就介绍几种方法：

方法一：训练孩子的注意力

3~4 年级孩子的注意力很容易受到外界环境的干扰，为此妈妈应该给孩子营造一个安静、平和、温馨的学习环境，孩子的书桌上除了文具和书籍，不应摆放其他物品；要求孩子在一定时间内专心做好一件事情；训练孩子善于"听"的能力，并让孩子用自己的话来描述听到的内容，进而培养他们专心听讲的好习惯。一旦孩子专注地做事，自然也就会认真、细致起来。

方法二：让孩子多做一些细致活

不论是在学习还是在生活中，我们都会遇到许多细致活，不认真对待是不行的。妈妈可以创造机会多让孩子做一些这方面的事情，如择菜、写毛笔字、缝纽扣等，这类事情都能在一定程度上训练孩子的细致程度，让孩子有目的地去做这类事情，久而久之，也就克服了粗心的毛病。

下面我们来听听一位妈妈是怎么引导孩子改掉粗心的坏毛病的吧：

都说小孩子没有耐心，而且粗心，但我却不相信这些。为了让孩子养成良好的习惯，我下定决心把"细心、有耐心"当成儿子的一个优点来培养。

为此我会经常引导他做一些"细致"的家务，例如做饭时，我会让儿子帮我把大米中的小石子捡出来，或者帮我择菜、削土豆皮。吃完饭，我还会请他帮我洗碗，并要求他把洗好的碗按大小摆好……

当然，在这一过程中，儿子也遇到了不少困难，在择菜时，由于他把菜叶、土豆皮扔得满地都是，再加上厨房的地滑，他狠狠地摔倒在了地上。但也正是因为这个，以后他每次择完菜或洗完碗，都会把厨房的地扫得干干净净。

这些日常生活中的小事看似很不起眼，但正是在这一个个的小细节中，儿子逐渐变得更加细心、耐心。

谁说 3~4 年级的孩子心智还未成熟，做事情马马虎虎，不注重细节呢？这个孩子在妈妈的培养下，不也变得细心、耐心了吗？

方法三: 叮嘱孩子多检查一次

很多妈妈都会在孩子做完作业后, 亲自将作业中的错误检查出来, 再让孩子改正, 事实上这不是一个行之有效的的办法, 而且还会养成孩子的依赖思想。合理的做法应该是鼓励孩子自己检查作业并改正错误, 这样才能让其对自己的学习效果有一个清晰的了解。即便是妈妈帮助孩子检查作业, 也不要一发现错误就直接指出来, 可以划出一个范围, 再让他自己检查并改正。最后, 还应告诉孩子尽量一次就要做正确。

方法四: 让孩子的生活更有秩序

很多孩子粗心的毛病其实都是从小逐渐养成的。试想, 如果孩子从小就生活在一个无序、杂乱的家庭环境中, 没有一定的生活规律, 东西随处乱放, 那能没有马虎的行为吗? 因此, 妈妈应该从小重视孩子的细心度, 在孩子做事情前, 立好规矩, 不要随心所欲, 东西摆放要整齐, 并定时整理自己的衣橱、抽屉, 房间等。一旦孩子在生活上养成了有规律的习惯, 就一定能改掉粗心的毛病, 变得细致认真起来。

习惯二: 善于倾听他人

西方有句名言: 上帝分配给我们两只耳朵; 而只给我们一张嘴。意思是说, 一个人应该少说多听, 学会倾听。每个妈妈都应该清楚, 如果孩子懂得倾听, 不但能给他带来自信, 获得他人的信赖, 还能借此更好地了解别人。

让我们先看看亮亮妈妈的困惑:

亮亮已经上小学四年级，前几天，儿子的班主任突然给我打来了电话。当时我下意识地想，是不是这小子在学校里又搞什么破坏了？果然和我预料的差不多，班主任无奈地说："唉，你家孩子一点也不怕我，一节课下来我的嗓子都吼破了，这孩子还是一点也不听讲，我讲我的，他说他的。"看来班主任是来向我告状了。

生活中，不少孩子喜欢在老师讲课的时候随意插话，或是故意打断别人说话，却没有耐心倾听他人的讲话，其实这些都是很不好的习惯。

作为妈妈，应该清楚地知道 3~4 年级的孩子有强烈的逆反心理，自我意识逐渐增强，在交流中喜欢表达自己却常常忽略了倾听别人，而且更加专注于自己正在做的事情。妈妈如果不重视培养孩子倾听的习惯，那么孩子很可能会在日后与他人的交流中，难以认真倾听别人的意见，以自我为中心。作为 3~4 年级的孩子，正处于习惯形成的关键期，妈妈应该用恰当的方法用心引导孩子。

以下几点建议，希望对妈妈们有所帮助。

方法一：教会孩子倾听的具体方法

有时候并不是孩子不想去倾听别人说话，而是他们并没有意识到自己没有认真倾听。因此，在培养孩子的这个习惯时，妈妈要给孩子一个具体的、细化的、可操作性的要求。如倾听的最基本原则就是别人说话时，要注视对方的眼睛，倾听时最好不要打断对方的话，等等。同时，妈妈还要提醒孩子在倾听他人讲话时，一定要面带微笑，以柔和的目光注视着对方，并通过点头等方式及时对对方的谈话做出回应。

在倾听他人讲话的时候，应该多站在对方的立场，努力理解对方说的每一句话。另外，在倾听对方说话时，最好能在他人讲完话后简单地复述一遍所讲的内容，这样可以让对方感到自己被尊重，同时也确保理解了对方所讲的内容。

值得注意的是，在整个交谈过程中，不要随意挑对方的毛病，避免使用否定别人或评论式的回答，如"不可能""我不同意""我可不这样想""我认为不该这样"，等等，做到礼貌地倾听。

方法二：榜样的作用很重要

生活中，我们经常会看到这样一些妈妈：平时家里来了客人，孩子一插话，她就会责备孩子，可是当别人说话时，做妈妈的却总是当着孩子的面把别人的话打断。这样的妈妈又怎么有资格要求孩子耐心地倾听他人说话？又怎么能教育好孩子呢？

作为孩子的第一任老师，妈妈的一举一动都会给孩子带来潜移默化的影响。妈妈应该以身作则，每次家里来客人的时候，都要很认真地倾听，并点头表示赞同，即便是和孩子交谈也要这样。每当孩子讲话的时候，要做到带头倾听，并控制自己决不在孩子讲话的时候做其他事。同时在孩子讲话的过程中，留给孩子思考的时间，不随意打断孩子，并且适当地给予评价。

习惯三：幽默感

孩子从出生起，就已经具备了幽默的气质。比如，一岁左右的孩子已对他人的脸部表情十分敏感；在他学步摔倒时，如果妈妈冲他做了一个鬼脸，他往往就会破涕而笑。很多孩子在 5~6 岁时，便开始对语言中的幽默成分表现得十分敏感。到 9 岁以后的孩子俨然已初具幽默感，所以从某种意义上可以说，一个孩子以后能否有幽默的气质，主要取决于3~4 年级的培养。

伟大的发明家爱迪生在试制白炽灯泡时，失败了 1200 次。一次，一个商人借机讽刺爱迪生是个毫无成就的人，可是爱迪生听后没有恼羞成怒，反倒哈哈大笑地说：“我已经收获了很大的成就，证明了 1200 种材料不适合做灯丝。”

没错，幽默就是这么神奇。在遭遇尴尬的时候，一句幽默的话不仅能瞬间让人摆脱窘境，还能缓解生活的压力与痛苦。而在孩子之间，拥有幽默感的那一个总是受到其他孩子的喜爱和欢迎，因为他们具有逗旁人开心的魅力。

虽然和成年人相比，3~4 年级的孩子表现幽默的方式有些稚嫩，但幽默感对他们的影响仍然是非常重要的。对于 3~4 年级的孩子来说，幽默感有助于他们发挥解决问题的能力。细心的妈妈应该能发现，凡是幽默的孩子通常都不会钻牛角尖，他们懂得换一个角度思考问题，因此他们也总是能乐观、积极地面对每个困难。而且幽默也是一种沟通和学习的手段，具有幽默感的孩子不仅化解尴尬、处理焦虑的能力较强，而且变通能力与抗压能力也比一般孩子强，幽默的孩子在身心发展上也比较健康。

相反，过于古板、缺乏幽默感的孩子则常常会斤斤计较，因而活得很累，人缘也不怎么好。因为这种孩子经常会想得比较多，也更加在意他人的眼光，甚至以为别人的玩笑就是在批评或挖苦自己，因而更容易因此感到沮丧、悲观，社交能力自然也表现得较差。

既然幽默感如此重要，那么孩子幽默感的发展又与哪些因素有关呢？

首先，当孩子的认知与语言能力发展到某个程度后，幽默感即形成。如果孩子的词汇贫乏，语言的表达能力太差，那也无法达到幽默的效果。为此妈妈平时可以多给孩子讲讲幽默故事、机智故事，脑筋急转弯等等，这样就能无形中刺激孩子的思维和语言能力。当你对孩子说"再不写作业，今天你就别想做完了"时，不妨加一点"幽默的调味料"，如"作业都等了你好久了，快过去看看他们，不然他们要哭了"，让自己和孩子在有目的语言和气氛中轻松一下，无形中也培养了孩子的幽默感。

其次，那些经常能得到妈妈疼爱与照顾的孩子，往往会表现出比较好的幽默感。因此，要使孩子成为一个具有幽默感的人，妈妈应给予孩子更多的爱与关怀。

另外，孩子如果总是处于一种轻松、愉快的学习气氛中，会很容易体验到快乐，并促使他以快乐的心情来看待周围的人或事物，这也有利于幽默感的形成。

有些妈妈可能会说，我家孩子天生木讷，况且我也不懂幽默，又该怎么培养孩子的幽默感呢？妈妈们不妨参考以下方法：

方法一：幽默感的培养从妈妈做起

妈妈平时跟孩子的相处，不仅影响孩子性格的养成，也包括幽默感的养成。可是，有些妈妈在教育孩子时，往往过于严肃，事实上，过于严肃只会让孩子对妈妈产生敬畏心理，和妈妈的关系越来越疏远，甚至是对立。

相反，如果妈妈在教育孩子的时候，多一点儿风趣与幽默，不仅能触动孩子活泼的天性，还能在轻松的笑声中达到教育的效果。更重要的是，孩子也能耳濡目染地从妈妈身上学到一些幽默的技巧。

方法二：教育孩子学会乐观宽容地面对人和事

凡是幽默的人，往往都比较乐观、开朗，很少会为一些小事而闷闷不乐。所以，妈妈在培养孩子的幽默感时，首先要让孩子学会宽容大度，克服斤斤计较的狭隘思想，同时让孩子养成乐观的心态。为了培养孩子的乐观心态，最重要的是，当孩子遇到困难时，妈妈应给予他积极的鼓励和支持，帮助孩子有勇气和决心战胜困难，只有这样，才能教会孩子以正确的态度保持乐观的情绪。

方法三：多给孩子讲幽默、轻松的故事

幽默、有趣的故事不仅能使孩子在轻松愉快的氛围中喜欢上阅读，还能潜移默化地培养孩子的幽默感。同时，这些幽默故事中的主人公都是乐天派，他们虽然遇到各种各样奇怪的困难，但总能化险为夷，乐观地对待人生。为此妈妈平时要多引导孩子阅读这方面的故事，这对培养孩子乐观的情绪，提升孩子的幽默感都非常有益。

习惯四：自律、自控

说到自我控制力，在一些妈妈眼里，也许还是一个很模糊的概念。但实际上，一个人的自控能力比学习成绩要重要得多。有了自控力，即

使成绩不好，也可以规范自己好好学习；相反，如果一个孩子自控力差，即使成绩再好，如果不继续努力的话，也会越来越差。自控制能力差是制约孩子心理健康发展和学业发展的一个非常重要的因素。有的孩子刚刚向妈妈保证不逃课，不玩游戏，但没过多久，趁大人不注意的时候照样会打游戏；妈妈多次提醒也无济于事……对于这些情况，很多妈妈都很无奈，道理讲了一大堆，可孩子仍然一如既往，想怎样就怎样，其实这些都是孩子缺乏自我自控力的表现。

心理学上有个著名的"软糖试验"，正好能说明这一点：

心理学家随机找了几个孩子，然后在孩子们面前摆放一块糖，并且告诉他们，如果在 5 分钟内忍住不吃就能得到第二块。试验结束后，心理学家做了追踪调查。结果发现，那些能够很好地克制自己，在规定的时间内没有吃第一块糖而得到第二块糖的孩子长大后都考上了理想的大学，获得了较高的声誉、社会地位及财富；而那些忍不住吃掉第一块糖的孩子，长大后大多表现平平。

这就是自我控制力对个人发展的极大影响。人要懂得自控和自律，孩子也如此。3~4 年级的孩子年龄还小，自控能力还不是很强，这就需要妈妈对孩子进行合理的引导和训练。

在培养孩子的自控能力时，妈妈要坚持教育和奖励相结合，让孩子学会用道理来控制自己的行为。同时，尽量不要对孩子的努力给予物质奖励，应帮助孩子建立一种内在的奖励制度，让他对自己做得好的事情感到满意。

妈妈们要知道孩子真正的自控力来自于他的理解，也许刚开始跟孩子讲道理时，他并不能真正明白，但随着经验的积累，意识逐渐内化为一种原动力时，孩子自然也就明白了其中的道理。那么，作为妈妈，又该如何培养孩子的自控力呢？

方法一：适当地延迟满足孩子的欲望

当孩子想买一样东西时，很多妈妈爱子心切，孩子想买什么就给买什么，这对培养孩子的自控能力其实很不利。建议这种时候，妈妈可以有意识地往后推一段时间再满足孩子的要求，以此培养孩子克制自己的能力。

有一次，蕾蕾想让妈妈给自己买一支冰淇淋吃，妈妈对于蕾蕾这个合理的要求并没有拒绝，但是她对女儿说："你可不可以坚持一下，等到了下一个街口再给你买。"蕾蕾想了想后，点头同意了妈妈的要求。距离下一个街口还有很长的一段距离，如果换作平时，蕾蕾早就连连喊累了。但是这一次，蕾蕾为了吃到冰淇淋，兑现对妈妈的承诺，一直都没有喊累，而是坚持走完了这段路程，最终也获得了自己心心念念的冰淇淋。

蕾蕾的妈妈就是用延迟满足的方法培养孩子的自控力。这的确是一个可行的方法，不过，妈妈也应该注意，孩子良好的自制力不可能一下子就能形成。因此，在培养孩子的自控力时，妈妈千万不要操之过急，而是要根据孩子的不同水平提出要求，务必做到循序渐进。同时，在等待的过程中，也要及时鼓励孩子，即使很小的进步也要给予表扬和肯定。

方法二：对孩子不要过于溺爱

现在的孩子大人往往是有求必应。应该说妈妈疼爱孩子没错，但过度的溺爱孩子却不可取。因为溺爱只会使孩子变得更加任性、自私、意志力薄弱，非常不利于培养孩子的自控能力。

正确的做法应该是：在疼爱孩子方面，妈妈和爸爸的态度一定要统一，对孩子的要求要前后一致，该坚持的就要坚持，不管孩子如何无理取闹，都不要迁就其不合理的要求。同时，妈妈不要忘记，要对孩子晓之以理、动之以情，不能做的事情，坚决不做。

方法三：妈妈要做孩子的表率

我们都知道，在孩子成长的过程中，对妈妈的行为耳濡目染，就会直接影响到其以后对待事情的态度。所以，想要培养孩子的自控力，妈妈必须要善于控制自己，包括控制自己的情绪、认知和行为能力，这样才能为孩子做出表率。比如，当孩子写作业磨磨蹭蹭时，妈妈不要急于对孩子发火，而是要学会调节自己的情绪。只有你首先学会有耐心，才能在潜移默化中正向影响孩子。否则，一个自控力很差、管不住自己的妈妈，是很难培养出一个有规矩的孩子的。

习惯五：主动承担责任

很多妈妈在教育孩子的时候，常常告诉孩子这样是可以的，那样是不可以的，这样的想法是可能的，那样的想法是不可能的。表面上看，妈妈对孩子的关怀可以说是无微不至，实际上却妨碍了孩子的健康成长。如果孩子的成长都是在妈妈的意愿下"精心安排"的，那么就会剥夺孩子承担责任的机会。一旦出现意料之外的情况，孩子就没有办法去解决问题，这将非常不利于孩子今后的成长，也让孩子变得没有责任和担当。

　　宁宁是一名小学三年级的学生，个子长得很高，俨然是个小大人，但是做作业却从不认真、细心，总是匆匆忙忙地将作业写完，然后不管对与错，将铅笔直接往桌上一扔，就跑去看电视。结果，书桌上摊满了他的课本、练习册以及铅笔、橡皮等。

　　而宁宁的妈妈看到这一切，第一反应就是先将书桌整理整齐，把他的课本、铅笔盒等学习用品一一放入书包，然后再将孩子的作业从头至尾检查一遍，并用铅笔将错误的地方勾画出来，最后把孩子叫回来重新改正。

　　对于妈妈指出的错误，宁宁连想都不想，问都不问就直接拿过来改。然而很多时候，改过的作业还是有错的。当他再被妈妈叫来改错时，就会表现得非常不耐烦，大声嚷嚷说："你说应该怎么做？"

看得出，在这个例子中，孩子回到家，他的任务似乎只有写作业，而且也不需要对作业的质量负责，同时整理书包的工作也全权由妈妈代劳。可是，孩子在学校时，这些工作又由谁来做呢？当然只能是孩子自己。

　　那么，为什么会造成这种局面呢？问题就出在妈妈的"包办代替"，这样做的后果只能是：孩子对学习越来越不上心；作业越来越马虎；家长越来越力不从心；孩子越来越不听家长的话。

我们常说，孩子的责任感和责任能力是通过日常锻炼，日积月累形成的。而锻炼就意味着孩子需要独立参与活动，并且明确活动的目的、步骤以及要求等等。

俗话说"无志之人常立志，有志之人立长志"。对于孩子来说，他们需要学的东西还很多，他们需要走的路也很长，而且在他们成长的道路上，难免会遇到各种挫折。这时候，有的孩子会表现得近乎懦弱，而另一些孩子则会表现得非常勇敢，这些都与妈妈教育孩子的方式密不可分。作为妈妈，应该帮助孩子克服挫折、解决困难，并逐步让孩子学会自己承担。有位妈妈曾讲过这样一个故事：

妹妹结婚时，我带着儿子一起去参加婚礼。当时我们都在忙，儿子和一个年龄相仿的孩子跑到外面玩去了。快开宴时，酒店的值班经理走了过来，问我们："外面有几个孩子，你们谁是他们的妈妈？"

我和其他几个家长立即跟了下去，果然儿子惹事了。原来几个孩子在外面打闹，将酒店门前的大花瓶打碎了。结果几个孩子互相推诿都不承认是自己干的。

"这到底是怎么回事？"我问儿子。

儿子两眼红红地说："我们玩的时候，他们几个不小心撞了我一下，结果花瓶就倒了！"很显然，在这一事故中，儿子也有不可推卸的责任。

我说："你难道一点儿责任都没有吗？"

"没有！不是我的错！是他先推我的！"儿子仍然在推脱

责任。

　　"好，现在我问你，如果你不打闹的话，他们会撞你吗？这个花瓶会倒吗？"儿子不做声了，我没有继续出孩子的丑，而是和其他几个妈妈协商，最后一起赔偿了酒店。

　　在回家的路上，我告诉儿子："你是男子汉，不要把什么责任都推到别人的身上！遇事仔细想一想，为什么别人会这样对你，你是不是做了什么不对的事情？这样勇于承担责任，吸取教训，才能避免以后再犯同样的错误。"

　　当孩子推卸责任的时候，这位妈妈首先做的就是帮助孩子分析自己身上存在的问题，让孩子明白每个人都要对自己的行为负责，如果闯了祸，不要一味地抱怨别人，而是要学会勇敢地面对和承担，这种做法无疑对培养孩子的责任心是大有帮助的。

　　不过，需要注意的是，妈妈在教育孩子时也要讲究方式方法，否则只会事倍功半，甚至因方法错误而给孩子造成不利的影响。下面介绍几种方法供大家参考：

方法一：和孩子一起承担责任

　　当孩子犯错时，内心常常是孤独、恐惧的。这时候，妈妈不能一味地批评孩子。最恰当的做法应该是和孩子一起承担错误，这不仅能让孩子正确地认识到自己的错误，而且对于增进妈妈和孩子之间的关系也有很大的帮助。有位妈妈就分享了一件关于她儿子的事情：

　　就在两个月前的一个周末，我刚灌完开水，因为急着煮饭没有将开水瓶放好，结果儿子风风火火地来厨房拿水果吃，不小心将开水瓶碰倒在地上摔得粉碎，幸好没有烫到他。

我注意到当时儿子很紧张，生怕我会批评他。我忽然转念一想，事情都已经发生了，批评孩子又有什么用。

于是我温和地问儿子："没有烫到你吧？"

儿子反而有点羞涩起来，然后小心翼翼地说："没有！"

我说："责任不全在你，如果妈妈放好开水瓶，也就不会这样了。"从这以后我发现孩子做什么事情都小心翼翼，不再像以前那么大大咧咧了。

不少妈妈在教育孩子的时候，总是把自己的位置摆得很高，这样就给孩子一种高高在上的感觉，结果只会拉大妈妈与孩子之间的距离。

其实孩子做错事时，如果妈妈能和孩子共同承担错误，一起找原因，解决问题，对孩子改正错误会有很大的帮助。在此过程中，孩子也不会再害怕错误，而是学会了承担。特别是当孩子犯错的时候，妈妈如果能安慰几句，孩子的心里就会更放松一些。

方法二：鼓励孩子多做一些力所能及的事情

对很多孩子来说，他们常常会把自己的责任看成是一种负担，非常不情愿接受这种压力。比如，做错了事情却不敢承认，妈妈给他们指出来的时候，又哭又闹。这样的孩子在将来是很难有所成就的。

为了培养孩子的责任心，妈妈应该告诉孩子：成功的人生是靠一点一滴的承担积累起来的，如果没有小的承担，面对一些大的责任，就会缩手缩脚。为此，建议妈妈应该让孩子多做一些力所能及的事情，刚开始的时候，孩子难免会感到无能为力、灰心丧气，这时妈妈不能表现得过于焦躁，更不能袖手旁观，而是要告诉孩子，妈妈理解他的苦恼，但更相信他自己的意志和能力，相信他能克服困难，战胜自己。

方法三：妈妈尊重孩子，孩子才能学会承担责任

孩子犯错的时候，很多妈妈经常是不问缘由就对孩子劈头盖脸地批评教育，特别是当孩子屡教不改的时候，妈妈更是毫不讲情面。其实，孩子也是有自尊心的，妈妈不分青红皂白就对孩子横加批评，对孩子无疑是一种伤害。对孩子来说，无论自己做得对与错，都需要妈妈的理解和宽容。这样孩子才会有动力和勇气面对错误，改正错误。

习惯六：自我反省

当孩子做错事时，如果妈妈不问缘由就对孩子严厉批评，或直接指出孩子的错误，他们往往会反感，并抗议你所说的一切，这样不但不能起到说服、管教的作用，反而会让孩子变得更加叛逆、不听话。这个时候，让孩子学会自我反省，无疑是最好的办法。自我反省对孩子的成长至关重要，也是他们不能缺少的一种优良习惯。

孩子迟早是要长大的，而能否成为一个具有独立精神的人，关键在于孩子是否具有自我反省的意识和能力。孩子只有及时地反思自己的错误，才能不断地完善自我，不断成长。同时孩子通过自我反省也能够激发他们的羞愧感和内疚感，及时修正错误，这样以后就不会再犯此类错误。所以，妈妈一定要重视培养孩子自我反省的好习惯。

那么，有什么好方法可以培养孩子自我反省的习惯呢？下面这些建议对妈妈们会有所帮助：

方法一：引导孩子学会总结经验和教训

总结经验教训，事实上就是对自我行为的一种反省。例如，有些孩子喜欢用打架来解决与同学之间的矛盾，如果他在打架上吃了亏，就会想："上次我感到生气的时候是用打架来发泄愤怒的，结果我被别人打了。那么下次再发生这样的情况时，我该怎么办呢？我不用打架可以吗？是不是有更好的解决方法呢？"

所以，当孩子犯了错误，尝到了"苦头"，感受到行动与结果之间的某种关系后，他们往往会先想一想再采取行动。此时妈妈最好不要把自己的意愿强加给孩子，而是要善于引导孩子做总结。例如，妈妈可以对孩子说："好好想一想，为什么是这样的结果。"而不要说"我早就跟你说过了，你就是不听，现在尝到苦头了吧""不听老人言，吃亏在眼前"等等，这样只会加重孩子的逆反心理。

方法二：引导孩子预见事情的后果

孩子容易冲动，当他想做一件事情的时候根本就不考虑后果，而且由于孩子的阅历浅，能够预见到的后果也与成人不一样。这时候，妈妈不妨让孩子尝试一下，面对不好的结果，孩子自然就会反省自己的行为了。

方法三：让孩子承担做错事的后果

孩子做错事情，很多妈妈常常不管不问地就替孩子承担后果，这样一来，孩子就会产生"就算自己做错事情，也没有关系"的依赖心理，因为无论何时，妈妈都会帮助自己。

例如，有的孩子弄坏了别人的文具，妈妈第一时间为犯错的孩子掏钱，让他为同学买新的，作为弥补；有的孩子打球时，伤到了同学，妈妈也会主动拿钱补偿。

其实，越是在这种情况下，妈妈越是应该鼓励孩子认真分析错误，主动承认错误，并承担后果，避免下次再犯相同的错误。孩子只有深刻反省自己的过失，才能学会承担责任。

第九章

妈妈送给 3~4 年级孩子最好的礼物

"好妈妈胜过好老师",妈妈是孩子的"守护神",用心为孩子准备一份成长礼物,让孩子能够幸福快乐地成长,是普天之下所有妈妈的共同愿望。

孩子独立,从妈妈放手开始

孩子进入小学,尤其是 3~4 年级阶段,培养他们的独立性是非常重要的,可是很多妈妈仍然没有意识到培养孩子的独立性到底有多重要,还在以爱的名义为孩子包办一切,经常对孩子说这样的话:"你别的不用做,只要好好学习,成绩好就行。"也许妈妈可能会为自己辩解:"没关系,这些都是小事,等孩子大了,自然也就会了。"这其实是一种极其错误的认知。

事实上,如果妈妈什么事情都替孩子考虑,那么孩子永远也不可能长大，永远也学不会独自面对生活。大文学家杨绛的父母曾说："教育孩子独立，胜过当第一。"不能独立的孩子，就算他的考试成绩再优秀也很难活得幸福精彩。

作为妈妈，虽然应该给予孩子保护和关怀，但凡事都要有个度，不能做得太过，要知道关心并不等于溺爱。过度的溺爱是对孩子意志和独立性的消磨，不利于孩子责任心的培养。

在教育孩子的过程中，适当放手，不仅能提高孩子的生存能力，释放孩子的天性，还可以培养孩子独立解决问题的能力，更为重要的是，在自由的空间里，孩子的责任心也能得到更好的培养。因此，对于妈妈们来说，不要像"鸡妈妈"那样把孩子呵护在自己的翅膀下，而是要学"鹰妈妈"那样让小鹰自己在暴风雨中练习飞行。

有一次，蒙蒙回家对妈妈说班级要竞选班干部，然后征求妈妈的意见。妈妈对他说，"这件事应当由你自己做主，但是不管你做怎样的决定，妈妈都支持你。"然后妈妈还从不同的角度帮蒙蒙做了分析。

看着儿子准备竞选的认真劲儿，妈妈心里自然非常高兴。虽然最终孩子的竞选失败了，但她发现孩子并没有因此而灰心丧气，后来蒙蒙因为在下学期表现突出，顺利竞选上了班干部。

不过两个月后，妈妈发觉蒙蒙的情绪似乎出了一点问题，学习成绩也有所下降。于是她便问蒙蒙："你是不是有什么心事啊？可以跟妈妈讲吗？"

原来蒙蒙家离学校较远，路上还要换乘公交车，有时候如果公交车来得晚，自然就会耽误班级工作，为此老师批评了他几次，于是蒙蒙当班干部的热情也就越来越淡了。明白了原因，妈妈没有直接批评蒙蒙，而是让他自己想想如何才能处理好完成班级工作和不耽误乘车时间的冲突。

最终，蒙蒙决定比平时早起10分钟，这样不仅"工作"时间没有耽误，学习成绩也有了很大的提高，在同学中的威信也越来越高，期末还被评为了"三好学生"。

事实证明，每一个孩子都有自我管理和教育的潜在能力，我们给予孩子的机会越多，孩子就会成长得越快、越健康；让孩子自己做主，是对孩子真正的负责、真正的爱。尤其是孩子已经具备独立完成某件事情的能力时，做妈妈的更应懂得适时放手，给孩子独立完成的机会，这样一来，孩子才能知道自己的事就要自己去做，就算跌倒了也要自己爬起来。

下面就提供一些具体的方法，帮助妈妈更好地锻炼、培养孩子的独立性：

方法一：给孩子一个自由的空间

培养孩子是每个妈妈的责任，但妈妈的责任并不是将孩子牢牢地抓在手里，如果孩子被大人管得过死，只会让他们失去原本应该属于自己的小空间。有智慧的妈妈应该懂得对孩子适当放手，让他们在自由的空间里翱翔。

可能孩子需要花很多时间来做作业，但妈妈不能因为孩子有很多作业要写，有很多书要背，就剥夺了孩子的娱乐时间。无论如何，都要尽量给孩子留出一些时间，别让孩子成为只会学习的机器人。

方法二：适时放手，鼓励孩子自己做事

随着孩子年龄的增长，妈妈要懂得放手，并且逐步教导孩子自己的事情自己做，在这个过程中，不仅能锻炼孩子的自理能力，还能让他们在劳动中品尝到满足感、成就感。教育名家魏书生就曾说过，"孩子愿意做，正为自己的能力骄傲着，做大人的何必过去抢呢？"

如果孩子遇到困难，妈妈可以在言语上给予鼓励和指导，有时也许只是妈妈的一个微笑，一个鼓励的眼神，就能坚定孩子的信念，让他重新振作起来。

方法三：孩子受点小伤也不是坏事

很多妈妈对孩子的保护欲总是很强，无论孩子的年龄是大是小，在妈妈的眼中，永远是需要被保护的。这就导致很多孩子总是无法独立，直到踏入社会工作，还是缺少应有的独立性，无法承担责任。

妈妈们过于"泛滥"的母爱会让孩子产生很强的依赖心理，所以，适当让孩子独立成长，哪怕是经历挫折，也是很有必要的。家庭教育就是这样，你保护的越多，孩子的独立能力就越弱；相反你适当放手，孩子的独立能力就越强。有时候就算孩子受点小伤，妈妈也完全不必大惊小怪。

赋予孩子处理问题的权利

自立是任何人都应该具备的条件，这个道理很多人都懂，但是很多妈妈却认为，孩子还小，才上 3~4 年级，谈培养他们独立解决问题的能

力还早。但实际上，就经验而言，孩子是否能成功解决问题，不仅仅和年龄大小有关，更多地取决于他的经历。事实上，即使很小的孩子，也会运用一些策略和办法来解决问题。有位妈妈对此就颇有心得：

> 儿子上 4 年级时，他的同桌很是调皮，有一段时间，儿子常说同桌欺负他。一开始我并没在意，但是有天夜里，我突然听到孩子恐怖的叫喊声，过去一看，只见孩子紧握双拳，蜷缩着身体，像是在奋力挣扎，原来孩子是在做噩梦。
>
> 后来有一天，孩子放学后突然对我说："妈妈，快给我转学吧，我的同桌总是欺负我。"我意识到这个问题已经很严重了，需要尽快解决，不然的话，很可能会在孩子的心里留下阴影。
>
> 然而转学却是一件非常复杂的事情。思前想后，我觉得还是先从查找打人的原因入手，帮助孩子找到对策，尽量让孩子学会自己解决问题。
>
> 经过了解，原来儿子成绩好经常被老师夸奖，而他的同桌则表现不好经常被批评，这位同桌出于嫉妒，所以才会动手打儿子。我告诉儿子："你的同桌虽然学习不好，但和其他孩子一样，也希望引起周围的人，特别是老师的关注。他打你的目的就是想让老师在意他。你要不要尝试一下和他做个好朋友呢？"几天后，儿子放学回来，竟然高兴地对我说："妈妈，我和我的同桌现在成了好朋友，他再也不打我了。"

这位妈妈处理孩子问题时的方法就非常值得学习，当孩子和同桌闹矛盾的时候，她并没有主动"拔刀相助"帮孩子解决问题，而是鼓励孩子自己解决问题。可能刚开始 3~4 年级的孩子在独自处理一些复杂问题时会显得手足无措，因为缺乏经验也可能处理不好。但是这位妈妈并没有因为孩子不会处理或处理不好就不给孩子权利。

妈妈应当意识到，培养孩子独立解决问题的能力是其成长过程中不可或缺的一课，在孩子不需要帮助的时候，妈妈最好不要包办代替，擅自帮助孩子或是替孩子做决定。而是应该采取科学的教子方法，给孩子足够的机会、适当的鼓励、具体的指导。

香港一所小学考试时给学生们出了这样一道题：从三楼扔下一个鸡蛋，怎样做才能让它不破？这道题不是脑筋急转弯，也没有标准答案，之所以出这道题，目的就是为了激发孩子独立思考、解决问题的能力。

这种被称作"头脑风暴"的游戏，妈妈也可借鉴，问孩子一些在生活中经常会遇到的问题，激发他们的思考能力，从而找到解决问题的多种方法。比如，遇到强壮的男生欺负女生时，你会怎么办，鼓励孩子把他所能想到的主意都讲出来，无论他的想法多么奇怪、荒诞，都不要取笑他。然后，妈妈跟孩子一起讨论这些主意，也可以让孩子同他的小伙伴一起讨论，选出大家认为最好的方法。这种训练重复得多了，孩子面对问题时就能想出尽可能多的解决办法，也就能更加灵活、更有创造性地解决问题。

总之，为了锻炼孩子处理问题的能力，妈妈要适时放手，给孩子更多尝试、体验的机会。只要是孩子自己能处理的事，都要"袖手旁观"，最多委婉地出个主意，给以点拨。对此，妈妈们可以参考以下是几点建议：

方法一：引导孩子分析问题的根源

当孩子做错事情的时候，虽然很多时候他们也知道自己错了，但可能并不知道错在哪里，这时候就需要妈妈引导孩子分析问题，并找到原因。在帮助孩子分析问题的时候，妈妈不要急于告诉孩子答案，而是应该慢慢地引导孩子。只有孩子自己反思出来的，才能给孩子留下更深的印象，下次再遇到同样问题时就知道如何解决了。

方法二：启发孩子自己想办法化解矛盾、解决问题

孩子在一起学习或玩耍的时候难免会产生矛盾，3~4 年级的孩子有时候还会动手打人。有的孩子在与同学或伙伴产生矛盾的时候，常常会出现两种情况：第一种是藏着掖着，不告诉妈妈；另一种是让妈妈帮助解决，自己则"退居二线"。孩子之所以让妈妈解决，主要是他们害怕与其他孩子打交道。

事实上，3~4 年级的孩子已经初懂人情世故，并不像成人想象的那样过于幼稚。只要妈妈多鼓励孩子，增强孩子的信心，他们完全有能力自己解决矛盾、化解问题。而当孩子缺乏主见的时候，妈妈们更应指导孩子勇于把自己的想法说出来，而不要总是按照别人的方式去行事。

一位妈妈正在和邻居聊天，她的儿子和几个小伙伴在草地上一起踢球。突然，她儿子叫喊着跑过来，向妈妈告状说："妈妈，你让那几个大孩子走开。"原来他们在踢球的时候，几个十三四岁的孩子也过去抢球玩。

妈妈听了，对孩子说："他们只比你大几岁，说不定可以玩到一块呢！踢足球人多一点儿不是更有趣吗？"孩子觉得有理，不一会儿，就和几个大孩子玩到了一起。

孩子就是这样，单纯、善良、没有心计，即使有时闹了矛盾，但处理好之后又可以和好如初。如果孩子之间起了纷争，妈妈首先不要急着帮助孩子解决问题，可以把思考问题和解决问题的机会留给孩子。当孩子不知道怎么办或做得不对的时候，妈妈再适当给予启发。在这个过程中，妈妈应多用"你有什么好的主意""你觉得应该怎么做"等提问，让孩子感到自己有权利也有责任去思考如何解决问题。

为孩子列一个合理的"假期行程表"

提起寒暑假，孩子们的反应可谓"有人欢喜有人愁"。有的孩子欢呼雀跃，翘首期盼了多时的假期终于来了，终于可以肆无忌惮地睡到自然醒，终于可以随心所欲地玩到昏天黑地……有的孩子则忧心忡忡，因为他们的妈妈坚持认为寒暑假是提升学习的好时机，于是给他们报了名目繁多的兴趣班、补习班。

大多数家长都会有望子成龙、望女成凤的心愿，于是总是想方设法让孩子赢在起跑线上，对于课堂知识更是重视，生怕孩子因为假期就落后于他人。其实，如今大多数孩子的课业负担都比较重，既然是放假，妈妈最好是能在孩子的身心得到放松的基础上，再对孩子的学习进行查漏补缺，这样才更有利于孩子的发展。特别是十来岁的孩子，正处于性格形成及转型时期，如果妈妈总是把孩子管得过严，时间久了，难免会有逆反心理。

为此，妈妈应该在假期中有意识地减轻孩子的压力，多给孩子一些行动和心灵上的关爱，其实漫长的假期也正是妈妈与孩子交流感情、增进了解的好机会。比如，抽时间带孩子一起去郊游，或是鼓励他们参加一些有意义的活动，实际上这样的爱不仅能开阔孩子的视野，也更符合孩子成长的规律。

> 露露谈起她的暑假生活时一脸兴奋地说："去年暑假我过得最有意义。"原来，去年暑假露露的妈妈并没有像以前一样把孩子的行程排得满满的，而是劳逸结合，给孩子安排了很多有意义的活动。
>
> 有一次，还让她和班里的同学一起去公园参加了"捡瓶子"的公益活动。整个下午，顶着炎炎烈日，大家一共捡了近百个瓶子。然后把捡来的瓶子拿到废品回收站换成钱，还委托老师捐给了贫困山区的学生。露露说："虽然觉得很累，但能用我们自己挣的钱帮助贫困山区的学生，我觉得很值得。"

假期本来就应该让孩子放松休息，这样才能调节好孩子的状态，待新学期来临时才能有更多的精力投入到紧张的学习中。所以，一个合格的好妈妈，应该为孩子列一个详细、合理的假期日程表，这样孩子的假期生活不仅过得丰富有趣，还会非常有意义。那么，妈妈们该如何安排孩子的假期生活呢？

方法一：再忙也要抽出时间与孩子同乐

假期是孩子娱乐身心、展示天性的大好时光，为此妈妈在工作之余，应尽量抽出时间，扮演好孩子假期活动的向导和亲密伙伴的角色。比如与孩子一起游泳、郊游等，既能愉悦身心，又能增进亲子之间的感情，使家庭生活更加融洽和睦。而且因为有了妈妈的参与，孩子的假期生活也会变得更有意义。

方法二：引导孩子多读课外书

在假期里，妈妈可以多带孩子去书店，让孩子选择自己喜欢的书籍来阅读，也可以买回家让孩子阅读。在阅读的过程中，妈妈要起到好的引导作用，但是不要过多地限制孩子。闲暇的时候，妈妈还可以跟孩子聊一聊他所看的课外书的内容，谈一谈彼此对这本书的不同理解。同时，还可以跟孩子展开比赛，看谁先把自己的书读完；妈妈也可以把自己读书的内容讲给孩子，让孩子把自己读书的内容讲给家长，等等。

方法三：锻炼孩子的生活能力

在假期里，妈妈不要惯着孩子，什么都不让孩子做。而是尽可能地让孩子做一些力所能及的事情，比如说：扫地、拖地，摆碗筷，擦桌子、洗碗，洗自己的衣服，帮家长择菜，等等。让孩子在劳动中体会家长的辛苦，同时锻炼他的生活能力。

方法四：带孩子旅游增长见识

如果家庭条件允许的话，妈妈还可以利用假期带孩子去外地旅游，体会异地不同的风俗习惯，开阔眼界、增长见识的同时，还能加深亲子感情。需要提醒的是，旅游时一定要准备充分，注意安全。

方法五：给孩子适当的自由空间

假期本来就是孩子放松的时间，妈妈在安排孩子假期生活的同时，也要给孩子留一些自己的空间。不要让本来轻松愉快的假期变成孩子的负担，让孩子多和同龄的小伙伴们一起玩耍，放手让孩子做自己喜欢的事情。

兴趣养成——陪伴孩子一生的业余爱好

每个孩子天生都是活泼好动、爱玩爱闹的，而音乐、画画、搞小发明等活动本身就充满了新意和乐趣，孩子也是很愿意接触的，只不过受家庭教育和生活环境等多种因素的影响，孩子的业余爱好常常会有所不同而已。但是只要妈妈足够细心、善于发现孩子的业余爱好，并积极鼓励、培养孩子的兴趣，完全可以把孩子培养得多才多艺。

当然，培养孩子的业余爱好也不是一两天的事情，在这个过程中，孩子难免会遇到一些困难，甚至是挫折，为此，妈妈更要用心培养孩子，并做到因势利导，相信总有一天，孩子会被某种爱好所吸引，逐渐对它兴趣盎然。

一个孩子看过一次素描画展后，就对素描产生了浓厚的兴趣，在接下来长达一个多月的时间里，几乎天天都在画人物素描。妈妈看到孩子这么上心，就提议他去学画画，孩子爽快地答应了。因为孩子对画画确实感兴趣，而不是像有的孩子被妈妈逼着去学画画，因而在他学的时候很投入，后来这个孩子还在绘画比赛中获得了大奖。

广泛的兴趣爱好不仅能够帮助孩子调节因学习带来的紧张情绪，还能让孩子掌握丰富、有趣的知识，拓宽孩子的视野，给他们带来更多的交往机会。设想一下，如果孩子过于自闭，没有什么兴趣爱好，朋友自然也就比较少，这样肯定也不利于孩子的健康成长。

具体而言，妈妈该如何引导和培养孩子的兴趣爱好呢?

方法一：多为孩子创造机会，鼓励孩子尝试各种活动

妈妈在培养孩子的业余爱好时，首先应抱着以增长孩子的见识为目的的心态，多为孩子创造一些机会，鼓励他们勇敢地去尝试，比如，妈妈可以带孩子体验游泳、跳舞、滑冰、画画等各种不同的活动，当孩子有了一些经历和自己的想法之后，就能在比较中选出自己的真正喜好，这样才能达到丰富孩子的生活、培养孩子的兴趣爱好的目的。

方法二：培养孩子的业余爱好应该顺其自然

俗话说得好，强扭的瓜不甜，如果家长太作主张逼着孩子参与形形色色的兴趣班，甚至占用孩子周末的玩耍时间，这样只会加重孩子的心理负担。有些事情，既然孩子不喜欢，即使你施展家长的权威，最多也只能让孩子表面顺从，而孩子的心里一定会积满了逆反情绪。所以，除非是孩子主动要求发展某一方面的兴趣爱好，作为妈妈，可以适当尊重孩子的意愿，并根据孩子在这个年龄段的身心发展需求，帮助他们选择适合自己的兴趣爱好，但要切记对孩子的兴趣引导顺其自然强过威逼利诱。

方法三：妈妈要努力提高自己的艺术修养

家长自身的修养对培养孩子的兴趣、爱好和特长有着非常重要的影响。试想一下，如果妈妈的文化素质偏低，艺术修养欠缺，很难给孩子带来美的启迪和艺术熏陶。如果妈妈平时不喜欢读书，不爱听音乐，不喜欢看美术展览，怎么能要求自己的孩子对此产生兴趣呢？妈妈是孩子的一面镜子，妈妈的一言一行和一举一动都会一点一滴地渗入孩子的心灵，成为培养孩子的兴趣爱好的催化剂。

方法四：督促孩子持之以恒

对孩子兴趣爱好的培养是一个不断坚持、不断磨炼的过程，在这个过程中，需要家长，尤其是妈妈的积极引导和耐心指导，而且孩子在日常的学习和生活中，还将会出现除了培养兴趣爱好之外更加复杂的问题，作为妈妈，需要付出更多的耐心和精力去帮助孩子，时刻陪伴孩子进步。

尊重个性——每个孩子都是独一无二的

世界上没有两片树叶是一模一样的，孩子也是如此。他们因为身体素质、家庭环境、教育状况，以及生活经历等方方面面的不同表现出不同的性情、爱好和能力。然而，每个孩子都是一个独立的个体，不可能让所有的孩子都朝着同一个方向发展，社会需要有个性、有特色的人，个性能激发创造力，使整个世界变得更加丰富、精彩。

在幼儿期，由于儿童的心理活动和行为更多地受情境因素的支配，在自我意识方面变化较大，因此还不能形成真正稳定的个性。到了小学

低年级阶段，随着孩子能逐步把握个人与他人，以及群体的关系，自我意识、道德观念以及道德行为在这个过程中逐渐发展起来，所以个性获得了一定的发展。为此，妈妈只有通过教育和引导，帮助孩子找到最合适他们的位置，将他们的个性和潜能发挥到极致，才能让孩子健康全面地成长。

但是，很多妈妈对于孩子在其成长过程中所表现出的种种个性，常常会感到担忧、焦虑，总是想以过来人的身份或是社会上的常规思想和标准来纠正孩子的思想和言行。比如，在兴趣爱好的选择上，有的孩子对美术产生了兴趣，但是妈妈认为学美术没有前途，于是要求孩子改学音乐；有的孩子更喜欢在生活中运用知识，或是进行广泛的阅读，但是妈妈却要求孩子为了成绩放弃这些；还有的孩子比较活泼好动，妈妈却强迫孩子做一个安静、内敛的孩子。这些现象在家庭教育中屡见不鲜，而这样的妈妈无疑是在抹杀孩子的个性，这样做不仅不利于孩子身心健康的发展，也不利于孩子未来的发展，更不利于孩子实现自己的人生价值。

孩子的个性需要发现、培养和保护，在这个过程中，都离不开妈妈的引导和帮助。为此妈妈应该更新教育观念，突破常规，以积极、鼓励、平等和宽容的态度接受孩子的差异，挖掘孩子的内在潜能。那么在尊重孩子个性的发展过程中，妈妈应该注意哪些问题呢？

方法一：尊重孩子自己的选择

尊重孩子的个性，就是要给孩子一定的空间和权利，尊重孩子自己的选择。对于孩子根据自己的兴趣和爱好进行的选择，妈妈一定要予以尊重，因为这样的选择最能代表孩子的个性特点，也最能激发孩子尽自己最大的努力去坚持和实现梦想，最终获得成功。

方法二：引导、鼓励孩子创新求异

妈妈应该了解并尊重孩子的个性特点以及天赋，不仅要给他们自由发展的空间，还应该予以指导。尊重孩子的个性差异，并让孩子的天赋得到最大限度的发挥，就必须培养他的主动精神，提高创造力，培养创新思维。

方法三：通过关心、帮助、交流，改良孩子的叛逆个性

3~4 年级的孩子有叛逆个性是非常普遍的。有的学生上课时故意表现顽劣，吹口哨、敲桌子、对老师或同学不礼貌地学舌，还有的学生和老师顶嘴、欺负比自己年龄小的孩子、故意和家长作对、沉迷网络游戏等，这些都是这个阶段的孩子可能做出的叛逆行为。

尊重孩子的个性并不是要对孩子的这些逆反行为视而不见，而是要对这些逆反行为有一个客观的认识。作为妈妈要清楚一点：虽然这些行为不利于孩子未来个性的发展，但它们只是孩子这个特殊阶段的特殊表现，并不是定型的。因此，妈妈应给予孩子加倍的关心，帮助孩子改正不良行为，以免影响孩子良好性格的形成。

挫折教育——在逆境中培养最优秀的孩子

在孩子成长的道路上，从来都是风景与险峰并存，可是，很多妈妈对孩子的赏识教育贯彻得非常好，却经常忽视对孩子的挫折教育。诚然，赏识教育对培养孩子的自信心很有帮助，但却很容易让孩子养成任性、

脆弱的性格。

在孩子的成长过程中，只有鲜花和掌声的教育是不完整的教育。有时候，让他们适当经历一点儿挫折是很有必要的。因为挫折能帮助孩子找到摆脱困难、解决问题的方法，还能很好地锻炼孩子的心理承受能力，为以后步入社会打下良好的基础。

俗话说"吃一堑，长一智"，挫折是最好的老师，孩子只有在实践中不断地积累经验教训，不断地破浪前进，最终才能成功驾驭生活之舟。

当然，挫折教育并不是一味地让孩子承受挫折，关键在于当其遇到挫折后明白该如何应对。具体来说，妈妈可以从以下几个方面对孩子进行引导：

方法一：培养孩子的抗挫折能力，妈妈要懂得放手

随着孩子年龄的增长，一方面他们可以独立处理一些事情，但是另一方面，他们在遇到一些困难时，又总是想找大人帮忙，觉得这样省时又省心。这时，妈妈就要"狠"下心，对孩子坚定地说"不"，让他们认识到"遭遇拒绝"是生活的常态，培养他们直面困难的信心，鼓励孩子自己去尝试，避免他们产生依赖心理，这对孩子的健康成长非常重要。

方法二：妈妈要允许孩子失败

一个三年级小女孩在日记里写道：

我想帮妈妈做点家务，于是主动去洗碗，可是不小心把碗给摔碎了，结果遭到妈妈的一顿痛骂，并告诉我以后家里的事都不准我插手。我感到很伤心。

其实，失败是孩子的常态，失败也能使孩子勇敢地面对挫折。这位妈妈无需过于重视孩子做事的结果，而更应重视孩子做事的过程。很多事情，妈妈大可以放手让孩子自己去做，哪怕是让他们在"失败"中付出一些代价也未尝不可。如果妈妈过分地关注孩子，就会无形中给他们施加一些压力。相反，如果妈妈不过分看重结果，孩子反而容易获得成功。

方法三：遵循孩子的自身特点，实施挫折教育

对孩子实施挫折教育，一定要根据孩子的年龄和心理特点，并且区别不同情况，做到有的放矢。

比如，有的孩子各方面都比较出色，为此经常受到大人的表扬，这就导致他们往往看不到自己的不足，承受挫折的能力较低，一旦别人指出其缺点或不足，他们就会难以接受。对于这种孩子，妈妈可以故意设置一些挫折，让他们不仅能看到自己的光芒，也能正视自己的不足，使其在受挫中得到磨练，增强其心理承受力。

然而，对于那些学习较差的孩子，由于经常表现出怯懦和自信心不足的一面，所以他们在挫折和失败面前往往会表现得无所适从。对此，妈妈要给予孩子合理恰当的鼓励和肯定，使他们建立起克服困难、战胜挫折的勇气和信心。

总之，只有有的放矢、因材施教地培养孩子，才能让孩子变得更加完美。